指導者之姿勢

기존 예비 지도자들의 필독서

지도자의 자세

이 나라 지도자들이 반드시 갖추고

임해야 할 덕목과 자세

草庵 田桂賢 編作

明文堂

序言(서언)

본인이 本書(본서)를 구상함이 이 時代相(시대상)을 客觀的(객관적)으로 바라보건대 6.25世代(세대)로서 차마 헤아릴 수가 없어 頭緖(두서)를 갖추지는 못하였으나 혹여 이 時代(시대)에 同參(동참)하고 있는 權力志向的(권력지향적)이거나 自他稱(자타칭) 社會指導者(사회지도자) 班列(반열)에 올라 있거나 오르려는 善良(선량)들에게 心身資格(심신자격)을 自負(자부)한다 하여도 不意不識間(불의불식간)에 미쳐 살피지 못한 虛(허)가 있다면 깨달음이 있게 하기 위하여 拙作(졸작)이나마 本書(본서)를 펼쳐낸다.

貴下(귀하)들은 6.25動亂(동란)을 어찌 배웠으며 어떻게 理解(이해)하고 있는가. 本人(본인)은 그 時代(시대)의 慘酷(참혹)한 光景(광경)을 實際(실제) 經驗(경험)한 者(자)로서 後世代人(후세대인)들의 輕視(경시)함이 대단히 안타깝고 陣

營論理(진영논리)에 빠져 理性(이성)을 잃고 善惡(선악)을 分別(분별)치 못하고 自身(자신)들의 利益(이익) 追求(추구)를 爲(위)하여는 못하는 짓이 없는 이 世態(세태)가 매우 안타까워 本書(본서)를 밤을 지새며 그려내게 되었다.

혹 本書(본서)에 收錄(수록)된 內容(내용)이 自身(자신)의 人生觀(인생관)에 혹시라도 거슬리거나 背馳(배치)된다 하여도 여러 번 熟讀(숙독)하게 되면 共感(공감)의 餘地(여지)를 찾게 되리라 믿는다.

이 나라를 G11으로 云云(운운)되도록 動機(동기)를 이룬 指導者(지도자)가 누구였던가를 우리 동포 누구라도 잊은 者(자) 있다면 背恩忘德者(배은망덕자)로 몰리기에 不足(부족)함이 없으리라 믿는다. 지금 살고 있는 모두들은 그로 무르익은 과일을 즐기고 있지 않은가.

끝으로 本書(본서)로 하여금 善良(선량)한 指導者化(지도자화) 되어 以下(이하) 百姓(백성)들이 마음 便(편)히 生(생)을 經營(경영)하게 되기를 所望(소망)할 따름이다.

2020년 6월 25일

田桂賢 序

目次(목차)

대한민국------------------------------------1
民本(민본)---------------------------------2
①民衆是國家的根本(민중시국가적
근본)---------------------------------------3
②民間的奏本(민간적주본)---------------3
五德(오덕)---------------------------------4
(一)指人五種品德(지인오종품덕)-------4
◇溫(온)------------------------------------4
◇良(량)------------------------------------5
◇恭(공)------------------------------------5
◇儉(검)------------------------------------6
①節度法制(절도법제)-------------------6
◇讓(양)------------------------------------6
②謂智信仁勇嚴(위지신인용엄)---------7
◈德(덕)------------------------------------7

◇道德品德(도덕품덕)------------------7
◇行爲操守(행위조수)------------------8
◇善行仁愛仁政(선행인애인정)---------9
◇恩惠恩德(은혜은덕)------------------9
◇感恩感激(감은감격)-----------------10
◇心意情意(심의정의)-----------------10
◇德教教化(덕교교화)-----------------11
◈態度(태도)-------------------------11
◇人的擧止神情(인적거지신정)--------11
◇氣勢姿態(기세자태)-----------------12
◇言行中表現(언행중표현)------------12
五常(오상)---------------------------12
◈謂仁義禮智信(위인의예지신)--------13
◈卽五倫(즉오륜)---------------------13
◆仁(인)-----------------------------14
◇仁愛相親(인애상친)-----------------14

◇仁者厚道(인자후도)------------------14
◇行惠施利以恩德濟助(행혜시리이 은덕제조)---------------------------15
◇泛指仁德(범지인덕)------------------15
◇有德者之稱指仁人(유덕자지칭지 인인)-------------------------------16
◇指事物中有恩于萬物長育者(지사물 중유은우만물장육자)-----------------16
◇思念致思慕之心(사념치사모지심)---17
◆義(의)----------------------------17
◇謂符合正義或道德規范(위부합 정의혹도덕규범)---------------------17
◇正義或道德規范(정의혹도덕규범)---18
◇理應(리응)------------------------18
◇适應順應(괄응순응)------------------18
◇名分(명분)------------------------19
◇善良善良的行爲(선량선량적행위)---19

◇意義道理(의의도리)------------------20
◇恩義情誼(은의정의)------------------20
◇儀容狀貌(의용상모)------------------21
◇儀制法度(의제법도)------------------21
◆禮(예)-------------------------------22
◇敬神(경신)---------------------------22
◇行爲準則道德規範禮節(행위준칙
도덕규범예절)-------------------------22
◇禮遇厚待(예우후대)------------------23
◇莊嚴有威儀(장엄유위의)-------------23
◇儀式典禮(의식전례)------------------23
◇禮物(예물)---------------------------24
◇禮文禮節周禮儀禮禮記合
稱三禮(예문예절주례의
례예기합칭삼례)----------------------24
◇三禮(삼례)---------------------------25

①祭天地宗廟之禮(제천지종묘지례)—25
②儒家經典周禮儀禮禮記(유가경전
주례의례예기)--------------------------26
③喪禮葬禮祭禮(상례장례제례)--------26
◆智(지)---------------------------------26
◇智慧聰明(지혜총명)------------------26
◇志士(지사)----------------------------27
◇計謀策略(계모책략)------------------27
◇知識(지식)----------------------------28
◇智惠(지혜)----------------------------28
①聰明才智(총명재지)------------------29
②梵語般若(범어반야)------------------29
◆信(신)---------------------------------30
◇誠實不欺(성실불기)------------------30
◇受信用實踐諾言(수신용실천낙언)--31
◇果眞确實(과진학실)------------------31

◇不發生差誤有規律(불발생차오유
규률)--------------------------32
◇表明明确(표명명학)-----------------32
◇信從相信(신종상신)-----------------32
◇知道料到(지도료도)-----------------33
◇任意听任(임의은임)-----------------33
◇符契凭証(부계빙정)-----------------34
◇使者(사자)-------------------------34
◇書信(서신)-------------------------35
◇消息音訊(소식음신)-----------------35
虛(허)와 正(정)--------------------35
◈虛(허)----------------------------36
◇妄說(망설)-------------------------36
◇妄語(망어)-------------------------36
①謊言虛妄不實話(황언허망불실화)---36
②撒謊胡說(살황호설)----------------37

◇佯言(양언)--------------------------37
◇僞言(위언)--------------------------37
①**假話(가화)**--------------------------38
②人爲之言造作之言(인위지언조작
지언)------------------------------38
◇虛邪(허사)--------------------------38
①虛僞邪惡(허위사악)-----------------39
②病的邪氣(병적사기)-----------------39
◇虛說(허설)--------------------------39
◇虛言(허언)--------------------------40
◇虛僞(허위)--------------------------40
◇虛辭(허사)--------------------------41
◇鬼話(귀화)--------------------------41
◇欺瞞(기만)--------------------------42
◇欺罔(기망)--------------------------42
◇驕慢(교만)--------------------------42

◇驕傲(교오)------------------------------43
◇傲慢(오만)------------------------------43
◇倨傲(거오)------------------------------44
◇不義(불의)------------------------------44
◇不德(부덕)------------------------------45
①不修德行(불수덕행)-------------------45
②不自以爲有德(불자이위유덕)---------45
③不施恩德(불시은덕)-------------------46
◇不儀(불의)------------------------------46
◇毒舌(독설)------------------------------46
◇假飾(가식)------------------------------47
◇陰凶(음흉)------------------------------47
◇陰害(음해)------------------------------47
◇野合(야합)------------------------------48
◇表裏不同(표리부동)-------------------48
①表面和內部(표면화내부)-------------48

②不同(부동)------------------------------49
◇卑怯(비겁)------------------------------49
◇小人輩(소인배)--------------------------49
◇賤人(천인)------------------------------50
①輕視人(경시인)--------------------------50
②地位底下人(지위저하인)------------------50
◇發惡(발악)------------------------------50
◇暴言(폭언)------------------------------51
◇有勸無罪無勸有罪(유권무죄무권
유죄)------------------------------------51
◇只許州官放火(지허주관방화)-------------52
◇ 我是他非(아시타비)---------------------52
◈正(정)----------------------------------52
◇良人(양인)------------------------------53
①賢者(현자)------------------------------53
②百姓(백성)------------------------------53

◇良心(양심)----------------------------53
①善良心性(선량심성)------------------54
②好心(호심)----------------------------54
◇正道(정도)----------------------------54
①道理準則(도리준칙)------------------55
②正路(정로)----------------------------55
③正常(정상)----------------------------55
◇正義(정의)----------------------------56
①公正正當的道理(공정정당적도리)---56
②公道正直正确合理(공도정직정학
합리)-------------------------------------56
③本來意義(본래의의)------------------57
◇正意(정의)----------------------------57
①純正的心志(순정적심지)-------------57
②原意本意(원의본의)------------------58
③主要的意思(주요적의사)-------------58

◇正理(정리)--------------------------58
◇正法(정법)--------------------------59
①正治法度(정치법도)------------------59
②公正法度(공정법도)------------------59
③正當法則(정당법칙)------------------60
◇正治(정치)--------------------------60
◇正直(정직)--------------------------61
①公正無私(공정무사)------------------61
②不偏斜不彎曲(불편사불만곡)--------61
◇淸廉(청렴)--------------------------61
◇潔白(결백)--------------------------62
◇謙遜(겸손)--------------------------62
◇謙讓(겸양)--------------------------63
◇謙虛(겸허)--------------------------63
◇讓步(양보)--------------------------64
◈順(순)------------------------------64

◇善良(선량)----------------------------64
◇溫順(온순)----------------------------65
◇溫語(온어)----------------------------65
◇溫柔(온유)----------------------------65
◇溫良(온량)----------------------------66
◇溫言(온언)----------------------------67
◇良心(양심)----------------------------67
◇順正(순정)----------------------------68
◇順從(순종)----------------------------68
◇順理(순리)----------------------------69
◇順應(순응)----------------------------69
◇道德(도덕)----------------------------70
◇道理(도리)----------------------------70
①事理(사리)----------------------------71
②情理(정리)----------------------------71
◇柔順(유순)----------------------------72

6.25 戰爭(전쟁)--------------------------72
①民族國家階級集團之間的武裝鬪爭
(민족국가계급집단지간적무장투쟁)-72
②泛指爭鬪鬪爭(범지쟁투투쟁)---------73
◇侵略(침략)---------------------------73
◇動亂(동란)---------------------------74
◈欺瞞戰術(기만전술)------------------74
◇欺瞞(기만)---------------------------74
◇戰術(전술)---------------------------75
①作戰的策略方法(작전적책략방법)---75
②比喩在鬪爭和工作中使用的方法
(비유재투쟁화공작중사용적방법)---76
◇毛澤東(모택동)의 中國統一戰略
(중국통일전략)-----------------------76
◈六.二五戰爭의 被害(육이오전쟁의
피해)------------------------------------79

◇參戰國(참전국)의 避害(피해)
現況(현황)------------------------------79
●醫療支援(의로지원)-------------------80
◈UN參戰國(참전국) 피해-------------80
◇參戰(참전) 人員(인원)---------------80
◇參戰(참전) 人名(인명) 被害(피해)-80
◈我國軍被害(아국군피해)-------------80
◈民間人命被害(민간인명피해)---------80
◈6.25전쟁 물적 피해------------------81
▣총피해액------------------------------81
◇事變(사변)----------------------------82
◇同族相殘(동족상잔)------------------82
◇避亂(피란)----------------------------83
◇戰禍(전화)----------------------------83
◇脫出(탈출)----------------------------83
◇收容所(수용소)------------------------84

◇戰犯(전범)----------------------------84
◇敵國(적국)----------------------------84
①敵對之國(적대지국)------------------84
②地位或勢力相等的國家(지위혹세력
상등적국가)--------------------------85
◇背信(배신)----------------------------85
◇合併(합병)----------------------------86
①結合到一起(결합도일기)-------------86
②猶聚會(유취회)----------------------86
◇謝過(사과)----------------------------86
◇和解(화해)----------------------------87
①寬和(관화)----------------------------87
②平息紛爭(평식분쟁)------------------87
◇賠償(배상)----------------------------88
◇平和(평화)----------------------------88
◇恩惠(은혜)----------------------------90

◈敵(적)------------------------------90
①仇敵敵人(구적적인)-------------------90
②對抗(대항)---------------------------91
③敵國(적국)---------------------------91
④敵對之國(적대지국)-------------------91
◇共産(공산)---------------------------92
◇(칼마르크스作 엥겔스編輯) 資本
論(자본론)의 虛構(허구)-------------92
○平等經濟(평등경제)-------------------92
○共同經濟(공동경제)-------------------93
◈自由經濟(자유경제)와 平等經濟
(평등경제) 의 長短點(장단점)
比較(비교)----------------------------94
●自由經濟(자유경제)-------------------95
○長點(장점);--------------------------95
○短點(단점);--------------------------95

●平等經濟(평등경제)------------------95
○長點(장점);----------------------------96
○短點(단점);----------------------------96
◇同調(동조)-----------------------------96
◇懺悔(참회)-----------------------------97
◇悔罪(회죄)-----------------------------97
◇謝罪(사죄)-----------------------------98
◇悔改(회개)-----------------------------98
◇度量(도량)-----------------------------99
◇雅量(아량)-----------------------------99
◇容恕(용서)-----------------------------99
◇清算(청산)---------------------------100
①徹底計算(철저계산)------------------100
②列擧全部罪惡或錯誤幷做出相應的
處理(열거전부죄악혹착오병주출
상응적처리)--------------------------100

③猶清理(유청리)---------------------101
1.平治(평치)--------------------------101
2.徹底整理或處理(철저정리혹처리)-101
3.明于事理懂得道理(명우사리동득
도리)-----------------------------102
◇寬貸(관대)--------------------------102
◇寬容(관용)--------------------------102
①容忍(용인)--------------------------103
②包容(포용)--------------------------103
◇容納(용납)--------------------------104
◇容恕(용서)--------------------------104
◇卑怯(비겁)--------------------------104
◇野鄙(야비)--------------------------105
①指村野(지촌야)---------------------105
②粗野鄙陋(조야비루)-----------------105
◇低姿勢(저자세)---------------------106

◇屈從(굴종)--------------------------106
◇服從(복종)--------------------------106
◈國防(국방)--------------------------107
◇國賊(국적)--------------------------108
◇主敵(주적)--------------------------108
◇副敵(부적)--------------------------108
◇國恥(국치)--------------------------108
◇國益(국익)--------------------------109
◇適者生存(적자생존)------------------109
①適者(적자)--------------------------109
②生存(생존)--------------------------109
1. 活着(활착)------------------------110
2. 存在(존재)------------------------110
◇自主(자주)--------------------------110
◇防衛(방위)--------------------------111
◇防禦(방어)--------------------------111

◇防備(방비)----------------------------112
◇戰力(전력)----------------------------112
◇戰敗(전패)----------------------------113
◇友邦(우방)----------------------------113
◇戰勝(전승)----------------------------114
◇原水爆所有(원수폭소유)------------114
◈親(친)---------------------------------116
①親愛(친애)----------------------------116
②和睦(화목)----------------------------116
③親近親密(친근친밀)------------------117
④接近接觸(접근접촉)------------------117
⑤信任相信(신임상신)------------------118
⑥結交(결교)----------------------------118
⑦親自躬親(친자궁친)------------------118
⑧父母(부모)----------------------------118
⑨親人親戚(친인친척)------------------119

◇自我(자아)--------------------------119
①自己(자기)--------------------------119
②自己肯定自己(자기긍정자기)------120
◇親交(친교)--------------------------120
①親戚舊交(친척구교)---------------120
②親近之友知交(친근지우지교)------120
◇友好國(우호국)--------------------121
◇援助(원조)--------------------------121
◈政治(정치)--------------------------122
①政事得以治理(정사득이치리)------122
②政事的治理(정사적치리)-----------123
③指治理國家所施行的一切措施
(지치리국가소시행적일절조시)----123
◇國儀(국의)--------------------------124
◇政治思想(정치사상)----------------124
①想念(상념)--------------------------124

②思忖考慮(사존고려)----------------124
◇脅迫(협박)---------------------------125
◇協力(협력)---------------------------125
◇協議(협의)---------------------------126
①共同計議(공동계의)----------------126
②統一意見(통일의견)----------------126
③經過談判協商而制定的共同承認共同遵守的文件(경 과 담 판 협 상 이 제 정 적 공 동 승 인 공 동 준 수 적 문 건)--------------------127
◇協商(협상)---------------------------127
◇回避(회피)---------------------------127
①避忌(피기)---------------------------127
②躲避(타피)---------------------------128
◈政黨(정당)---------------------------128
◇政派(정파)---------------------------128

◇政敵(정적)------------------------129
◇政亂(정란)------------------------129
◇政爭(정쟁)------------------------129
◇積弊(적폐)------------------------129
◇報復(보복)------------------------130
◇容納(용납)------------------------130
◇容賢(용현)------------------------131
◇小人(소인)------------------------131
①識見淺狹人(식견천협인)------------132
②人格鄙陋人(인격비루인)------------132
◇小人輩(소인배)--------------------132
◇保守(보수)------------------------133
◇守舊(수구)------------------------133
①拘泥于舊的看法或做法而不愿改變
(구니우구적간법혹주법이불원개
변)--------------------------------133

②保持住原來的样子(보지주원래
적양자)---------------------------133

◇停滯(정체)-----------------------134

◇自由(자유)-----------------------134

◇民主(민주)-----------------------135

①民之主宰者舊多指帝王君主(민지
주재자구다지제왕군주)-------------135

②指人民有參與國事或對國事有自
由發表意見的權利民主用于國家
形式卽成爲一種國家制度與專制
相對立作爲一種國家制度民主總
是體現統治階級的意志具有鮮明
的階級性(지인민유참여국사혹대
국사유자유발표의견적권리민주
용우국가형식즉성위일종국가제
도여전제상대립작위일종국가제
도민주총시체현통치계급적의지
구유선명적계급성)-----------------135

◇進步(진보)-----------------------136

①向前行步(향전행보)-----------------136
②謂人或事物向前發展比原來好(위
인혹사물향전발전비원래호)--------137
③選合時代要求對社會發展起促進
作用的(선합시대요구대사회발전
기촉진작용적)-----------------------137
◇共産(공산)---------------------------137
◇世襲(세습)---------------------------138
◇世治(세치)---------------------------138
◇獨治(독치)---------------------------138
◇獨裁(독재)---------------------------139
◇改革(개혁)---------------------------139
①變更(변경)---------------------------140
②謂革除惡習劣行(위혁제악습렬행)-140
◇前進(전진)---------------------------140
①上前(상전)---------------------------140

②向前發展(향전발전)------------------141

◈慾心(옥심)---------------------------141

◇情欲之心(정욕지심)-----------------142

◇私利私慾(사리사욕)-----------------142

①私利(사리)---------------------------142

②私慾(사욕)---------------------------143

◇公利公欲(공리공욕)-----------------143

①公共利益(공공이익)-----------------144

②公衆的欲望(공중적욕망)------------144

◇公益(공익)---------------------------144

◈知彼知己百戰不殆(지피지기백전불태)------------------------------144

◈修身齊家治國平天下(수신제가치국평천하)-----------------------145

◇修身(수신)---------------------------145

◇齊家(제가)---------------------------146

◇治國(치국)------------------------146
①治理國家務(치리국가무)-----------147
②安定太平的國家(안정태평적국가)-147
◇齊家治國(제가치국)---------------148
◇平(평)---------------------------148
①平定(평정)-----------------------148
②平和(평화)-----------------------149
③平安(평안)-----------------------149
◇天下(천하)-----------------------150
◇天下泰平(천하태평)---------------150
◈誤謬(오류)-----------------------151
◈回顧(회고)-----------------------151
①回頭看(회두간)-------------------151
②顧念回想(고념회상)---------------151
◈回心(회심)-----------------------152
①改變心意(개변심의)---------------152

②轉念(전념)----------------------------152
◈反省(반성)----------------------------153
◈覺醒(각성)----------------------------153
◈遵法(준법)----------------------------154
◈善行(선행)----------------------------154
◈善政(선정)----------------------------154
◈遵守(준수)----------------------------155
◈始終如一(시종여일)------------------155
◈乘勝長驅(승승장구)------------------156
◇乘勝(승승)----------------------------156
◇長驅(장구)----------------------------157
◈無事太平(무사태평)------------------157
◇無事(무사)----------------------------157
①沒有變故(몰유변고)------------------157
②無所事事(무소사사)------------------158
◇太平(태평)----------------------------158

①謂時世安寧和平(위시세안녕화평)-158
②泛指平靜無事(범지평정무사)------159
◈國泰民安(국태민안)-----------------159
◈幸福(행복)---------------------------160
◈福祉國家(복지국가)-----------------161
◇福祉(복지)---------------------------161
◇國家(국가)---------------------------161
◈大韓民國(대한민국)-----------------162
◇大韓(대한)---------------------------162
◇民國(민국)---------------------------162
◇萬歲(만세)---------------------------163
①萬年萬代(만년만대)-----------------163
②萬年萬代(만년만대)-----------------164
◈愛國歌(애국가)----------------------164
◈愛國心(애국심)----------------------165
①愛國(애국)---------------------------168

②心(심)------------------------------169
⑴想(사상)---------------------------169
⑵本性(본성)-------------------------169
⑶思慮(사려)-------------------------170
⑷中心(중심)-------------------------170
호 소 문---------------------------171
◈북한 지원에 대한 소견-------------185
◇援助(원조)-------------------------185
◈終言(종언)-------------------------186
◇忍(인)------------------------------193

대한민국

以下(이하)의 長文(장문)은 이 나라 社會(사회) 政治(정치) 指導者(지도자) 位置(위치)에 오르고자 하거나 오른 이 들이라면 반듯이 耽讀(탐독)하여 共感(공감)하고 自己化(자기화) 시키거나 시겨야 指導者(지도자) 位置(위치)에 있거나 오를 수 있는 姿勢(자세)에 이를 것이니 한 劃(획) 한글자도 빠짐없이

熟讀(숙독)하시기 바랍니다.

以下(이하)

社會(사회) 및 政界(정계) 指導者(지도자)들이 갖추고 있어야 할 德目(덕목)과 態度(태도).

民本(민본)

百姓(백성)이 나라의 根本(근본).

①民衆是國家的根本(민중시국가적근본) 百姓(백성)이 나라의 根本(근본)이다.

●書經五子之歌; 太康尸位以逸豫滅厥德黎民咸貳乃盤遊無
○ 서 경 오 자 지 가; 태 강 시 위 이 일 예 멸 궐덕 려 민 함 이 내 반 유 무
度畋于有洛之表十旬弗反有窮后羿因民弗忍距于河厥弟五人
도 전 우 유 락 지 표 십 순 불반 유 궁 후 예 인민 불 인 거 우하 궐 제 오 인
御其母以從徯于洛之汭五子咸怨述大禹之戒以 作歌
어 기 모 이 종 혜 우락 지 예 오 자 함 원술 대 우 지 계 이 작 가

<u>其一日</u>; 皇祖有訓民可近不可下民惟邦本本固邦寧予視天下
기 일 왈 ; 황 조 유 훈 민 가 근 부가 하 민 유 방 본본 고 방 녕 여 시천 하
愚夫愚婦一能勝予一人三失怨豈在明不見是圖予臨兆民懍乎
우 부 우 부 일 능 승여 일 인 삼 실 원기 재 명 부 견시 도 여 림 조민 름 호
若朽索之馭六馬爲人上者柰何不敬
약 후 색 지 어 륙마 위 인 상 자 내하 부 경

<u>其二日</u>; 訓有之內作色荒外作禽荒甘酒嗜音峻宇彫牆有一于
기 이 왈 ; 훈 유 지 내 작 색 황 외 작금 황 감 주 기 음준 우 조 장유 일 우
此未或不亡
차 미 혹 부 망

<u>其三日;</u> 惟彼陶唐有此冀方今失厥道亂其紀綱乃厎滅亡
기 삼 왈 ; 유 피 도 당 유 차 기 방금 실 궐 도 란기 기 강 내지 멸 망

其四日; 明明我祖萬邦之君有典有則貽厥子孫關石和鈞王府
기 사 왈 ; 명 명 아 조 만 방지 군 유 전 유 즉이 궐 자 손 관석 화 균 왕 부
則有荒墜厥緖覆宗絕祀
즉 유 황 추 궐 서복 종 절 사

其五日; 嗚呼曷歸予懷之悲萬姓仇予予將疇依鬱陶乎予心顔
기 오 왈 ; 오 호 갈 귀 여 회지 비 만 성 구 여여 장 주 의 울 도 호여 심 안
厚有忸怩弗愼厥德雖悔可追
후 유 뉴 니 불 신 궐 덕수 회가 추

②民間的奏本(민간적주본) 百姓(백

성)이 統治者(통치자)에게 올리는 上疏文(상소문).

●郎潛紀聞卷十; 蘇州民漸被循良惜其去任值上南巡相約具民本保留
○ 랑 잠 기문 권 십 ; 소 주 민 점 피 순 량 석 기거 임 치 상 남 순상 약 구 민 본 보 류

= =

五德(오덕)

(一)指人五種品德(지인오종품덕) 사람은 다섯 가지 品德(품덕)을 갖춰야 한다.

①溫(온) 良(량) 恭(공) 儉(검) 讓(양)

●論語學而; 子貢曰夫子溫良恭儉讓以得之夫子之求之也其諸異乎人之求之與(朱熹註; 溫和厚也良易直也恭莊敬也儉節制也讓謙遜也五者夫子之盛德光輝接於人者也
○ 논 어 학 이; 자 공 왈 부 자 온량 공 검 양 이 득지 부 자 지 구지 야 기 제 이 호 인 지 구지 여 (주 희 주; 온 화 후 야 량 역 직 야 공 장 경야 검 절 제 야 양 겸 손 야 오자 부 자 지 성 덕광 휘 접 어 인자 야

◇溫(온) 和厚也(화후야) 指性情溫和敦厚(지성정온화돈후). 화목하다. 친하다. 온화하

고 敦厚(돈후)하다.

●廣師; 吾不如傅青主堅苦力學無師而成吾不如李中孚險阻
○ 광 사; 오 부 여 부 청 주 견 고 력학 무 사 이 성 오부 여 리 중부 험 조
備嘗與時屈伸吾不如路安卿博聞強記群書之府吾不如吳任臣
비 상 여 시 굴 신 오 부여 로 안 경 박 문강 기 군 서 지 부오 부 여 오임 신
文章爾雅宅心和厚吾不如朱錫鬯
문 장 이 아댁 심 화 후 오 부 여주 석 창
●北齊書任延敬傳; 少和厚有器度
○ 북 제 서 임 연경 전 ; 소 화 후 유 기 도

◇良(량) 易直也(이직야). 平易正直(평이정직). 어질다. 훌륭함.

●禮記樂記; 禮樂不可斯須去身致樂以治心則易直(孔穎達疏;
○ 예 기 악 기; 예 악 부 가 사 수거 신 치 악 이치 심 즉 이 직 (공 영달 소;
易謂和易直謂正直)子諒之心油然生矣易直子諒之心生則樂樂
이 위 화 이 직 위정 직) 자 량 지 심 유 연생 의 이 직 자 량지 심 생 즉 악 악
則安安則久久則天天則神天則不言而信神則不怒而威致樂以
즉 안 안 즉 구 구 즉천 천 즉 신 천즉 부 언 이 신 신즉 부 노 이 위 치악 이
治心者也
치 심 자 야
●新唐書藝文志序; 六經之道簡嚴易直而天人備故其愈久而
○ 신 당 서 예 문 지 서; 육 경 지 도 간 엄이 직 이 천 인 비고 기 유 구 이
益明其餘作者衆矣質之聖人或離或合然其精深閎博各盡其術
익 명 기 여 작 자 중 의질 지 성인 혹 리 혹 합 연기 정 심 굉 박 각진 기 술
而怪奇偉麗往往震發於其間此所以使好奇博愛者不能忘也
이 괴기 위 려 왕 왕 진 발 어기 간 차 소 이 사 호기 박 애자 불 능 망 야

◇恭(공) 恭莊敬也(공장경야). 莊嚴恭敬(장엄공경). 規模(규모)가 크고 嚴肅(엄숙)하게 恭遜(공손)히 섬김.

●禮記樂記; 致禮以治躬則莊敬莊敬則嚴威(孔穎達疏; 若能
○ 예 기 악 기; 치 례 이 치 궁 즉장 경 장 경 즉 엄위 (공 영 달 소 ; 약 능
莊嚴而恭敬則嚴肅威重也)心中斯須不和不樂而鄙詐之心入之
장 엄 이 공 경 즉 엄 숙위 중 야) 심 중 사 수부 화 부 악이 비 사 지심 입 지
矣外貌斯須不莊不敬而易慢之心入之矣
의 외 모 사 수 부장 부 경 이 역 만 지심 입 지 의
●山洪三十; 他們不知道這是未开發景点是民宿老板推荐他
○ 산 홍 삼 십; 타 문 불 지 도 저시 미 개 발 경 점 시민 숙 로 판추 천 타
們去的當地宣传部門一工作人員承認這确實是个未开放的网
문 거 적 당 지 선 전 부문 일 공 작 인원 승 인 저 학 실 시개 미 개방 적 망
紅景点
홍 경 점

◇儉(검) 儉節制也(검절제야). 儉素(검소)함.

①節度法制(절도법제) 일이나 行動(행동) 等(등)을 똑똑 끊어 맺는 마디의 法律(법률)의 制度(제도).

●荀子義兵; 故齊之技擊不可以遇魏氏之武卒魏氏之武卒不
○ 순 자 의 병; 고 제 지 기 격 부 가 이 우 위씨 지 무 졸 위씨 지 무 졸 부
可以遇秦之銳士秦之銳士不可以當桓文之節制桓文之節制不
가 이 우 진지 예 사 진지 예 사 부 가 이당 환 문 지 절 제 환 문지 절 제 부
可以敵湯武之仁義有遇之者若以焦熬投石焉
가 이 적 탕 무지 인 의 유 우 지 자약 이 초 오 투 석 언
●文選干寶晉紀總論; 屢拒諸葛亮軍士有節度制法也
○ 문 선 간 보 진기 총 론; 루 거 제 갈 량 군사 유 절 도 제법 야

◇讓(양) 讓謙遜也(양겸손야). 謙虛恭謹(겸허공근). 辭讓(사양)하다. 讓步(양보)하다.

겸손(謙遜 · 謙巽)하다.

●列女傳齊相御妻; 妻曰是怀晏子之智而加以八尺之長也夫
○ 열 녀 전 제 상 어 처; 처 왈 시 부안 자 지 지 이 가 이 팔 척 지 장 야 부
躬仁義事明主其名必揚矣且吾聞宁荣于義而賤不虛驕以貴于
궁 인 의 사 명 주 기 명필 양 의 차오 문 저 송 우 의 이 천부 허 교이 귀 우
是其夫乃深自責學道謙遜常若不足
시 기 부 내 심 자 책 학도 겸 손 상 약부 족

●四世同堂四二; 按道理說他比瑞宣長一輩可是他向來謙遜
○ 사 세 동 당 사 이; 안 도 리 설 타 비 서 선 장 일배 가 시 타 향래 겸 손
所以客氣的叫瑞宣兄有好幾位朋友看見了他
소 이 객 기 적 규 서 선형 유 호 기 위 붕우 간 견료 타

②謂智信仁勇嚴(위지신인용엄) 指導者(지도자)는 智(지; 지혜롭고) 信(신; 믿고) 仁(인; 어질고) 勇(용; 용맹하고) 嚴(엄; 엄하다). 즉 指導者(지도자)는 지혜롭고 남을 믿고 어질고 용맹하고 嚴(엄)하여야 한다.

●孫子始計; 將者智信仁勇嚴也法者曲制官道主用也凡此五
○ 손 자 시 계; 장 자 지 신 인 용 엄 야 법 자 곡 제 관 도 주 용 야 범차 오
者將莫不聞知之者勝不知者不勝故校之…吾所與戰之地不可
자 장 막 부 문 지 지 자승 부 지 자부 승 고 교 지 …오 소 여 전 지 지불 가
知不可知則敵所備者多敵所備者多則吾所與戰者寡矣
지 부 가 지 즉 적 소 비 자다 적 소 비자 다 즉 오 소여 전자 과 의

●新論; 五德者智信仁嚴勇也
○ 신 론 ; 오 덕 자 지 신 인 엄용 야

◈德(덕) 도(道)를 행하여 얻은 品性(품성). 덕(德)을 갖춘 사람.

◇道德品德(도덕품덕) 사람으로서

지켜야 할 道理(도리).

●**周**禮地官司徒下師氏; 以三德教國子一曰至德以爲道本二
○ 주 례 지 관 사 도 하 사 씨; 이 삼 덕 교 국 자 일 왈 지 덕 이 위 도본 이
曰敏德以爲行本三曰孝德以知逆惡教三行一曰孝行以親父母
왈 민 덕 이 위 행본 삼 왈 효 덕 이 지역 악 교 삼 행 일 왈효 행 이친 부 모
二曰友行以尊賢良三曰順行以事師長(鄭玄注德行內外之稱在
이 왈 우 행 이 존 현 량삼 왈 순 행 이 사 사 장(정 현주; 덕 행내 외 지 칭 재
心爲德施之爲行至德中和之德覆壽持載含容者也孔子曰中庸
심 위 덕 시 지 위 행 지덕 중 화 지 덕복 수 지 재 함 용자 야 공 자왈 중 용
之爲德其至矣乎敏德仁義順時者也)
지 위 덕 기 지 의 호민 덕 인 의 순시 자 야)

●**國語周**語下; 唯善人能受盡言齊其有乎吾聞之國德而鄰於
○ 국 어 주 어 하; 유 선 인 능 수 진 언 제 기 유 호 오문 지 국 덕이 린 어
不修必受其福(韋昭注國德己國有德也鄰於不修與不修德者爲
불 수 필 수 기복 (위 소 주 국 덕 기 국 유 덕야 린 어 부수 여 부 수 덕자 위
鄰也)
린 야)

◇行爲操守(행위조수) 사람이 行(행)하는 짓으로서 志操(지조)나 貞操(정조) 따위를 굳건히 지킴.

●左傳成公十六年; 傳曰民生厚而德正(杜預注; 財足則思無
○ 좌 전 성 공 십 육 년; 전 왈 민 생 후 이 덕 정 (두 예주 ; 재 족 즉 사 무
邪(林)德以施惠故民生富厚則以正邪故民德歸正)用利而事節
사 (임) 덕 이 시 혜 고 민 생 부 후즉 이 정 사 고 민 덕 귀정) 용 리 이사 절
時順而物成上下和睦周旋不逆求无不具各知其極
시 순 이 물 성 상 하화 목 주 선부 역 구 무 부 구 각 지기 극

●**論語子張;** 子夏曰大德不踰閑小德出人可也(朱熹註; 大德
○ 논 어 자 장; 자 하 왈 대 덕 불 유 한 소덕 출 인 가 야 (주 희 주; 대 덕
小德猶言大節小節閑)闌也所以止物之出入言人能先立乎其大
소 덕 유 언 대 절 소 절한) 란 야 소 이 지물 지 출 입 언 인 능선 립 호기 대

者則小節雖或未盡合理亦無害也○吳氏曰此章之言不能無弊
자 즉 소 절 수 혹 미진 합 리 역무 해 야 ○오 씨 왈 차 장 지 언불 능 무 폐
學者詳之)
학 자 상 지)

◇善行仁愛仁政(선행인애인정)

착하고 어진 행실(行實)과 어질고 百姓(백성)을 사랑하는 마음이면 어질게 정치(政治)를 한다.

●書經盤庚上; 汝克黜乃心施實德于民至于婚友丕乃敢大言
○ 서 경 반 경 상; 여 극 출 내 심 시실 덕 우 민 지우 혼 우 비 내감 대 언
汝有積德 (蔡沈註; 蘇氏曰商之世家大族造言以害遷者欲以苟
여 유 적 덕 (채 심 주 ; 소 씨 왈 상 지 세가 대 족 조 언 이 해천 자 욕이 구
悅小民爲德也)
열 소 민 위 덕 야)
●史記劉敬叔孫通列傳; 今天下初定死者未葬傷者未起又欲
○ 사 기 유 경 숙 손 통 열 전; 금 천 하 초 정 사 자 미 장 상 자 미 기 우 욕
起禮樂禮樂所由起積德百年而後可興也
기 례 악 례 악소 유 기 적 덕 백 년이 후 가 흥 야

◇恩惠恩德(은혜은덕) 自然(자연)

이나 남에게서 받는 고마운 惠澤(혜택). 여래삼덕(如來三德) 중의 하나로, 타인에게 恩惠(은혜)를 베푸는 德(덕).

●詩經大雅旣醉; 旣醉以酒旣飽以德君子萬年介爾景福(註;
○ 시 경 대 아 기 취 ; 기 취 이 주 기 포 이 덕 군 자 만 년 개 이 경 복 (주 ;
賦也德恩惠也)旣醉以酒爾餚旣將君子萬年介爾昭明昭明有融
부 야 덕 은 혜 야)기 취 이 주 이 효 기 장 군자 만 년 개 이 소 명 소명 유 융

高朗令終令終有俶公尸嘉告
고 랑 령 종 령 종 유숙 공 시 가 고
●論語憲問; 或曰以德報怨何如子曰何以報德(朱熹註; 言於
○ 논 어 헌 문; 혹 왈 이 덕 보 원 하 여 자 왈 하이 보 덕 (주 희 주 ; 언 어
其所怨既以德報之矣則人之有德於我者又將何以報之乎)以直
기 소 원 기 이 덕 보 지 의 칙인 지 유덕 어 아 자 우장 하 이보 지 호) 이 직
報怨以德報德
보 원 이 덕 보 덕

◇感恩感激(감은감격) 恩惠(은혜)에 感動(감동)됨. 恩惠(은혜)에 感謝(감사)함.

●左傳僖公二十四年; 夏狄伐鄭取櫟王德狄人將以其女爲后
○ 좌 전 희 공 이 십 사 년; 하 적 벌 정 취 력 왕 덕적 인 장 이기 녀 위 후
(孔穎達疏; 荷其恩者謂之爲德)富辰諫曰不可臣聞之曰報者倦
(공 영 달 소 ; 하 기 은 자 위지 위 덕)부 진 간 왈 불 가 신문 지 왈 보자 권
矣
의
●陳書周迪傳; 周迪臨川南城人也…然輕財好施凡所周贍毫
○ 진 서 주 적 전; 주 적 임 천 남 성 인 야 … 연 경 재 호시 범 소주 섬 호
釐必鈞訥於言語而襟懷信實臨川人皆德之
리 필 조 눌 어 언 어 이금 회신 실 임 천 인 개 덕지

◇心意情意(심의정의) 마음과 뜻. 感情(감정)과 意志(의지). 情(정)과 뜻.

●詩經正解邶風谷風; 凡民有喪匍匐救之不我能慉反以我為
○ 시 경 정 해 패 풍 곡 풍; 범 민 유 상 포 복 구 지 부 아 능 휵 반이 아 위
讎既阻我德賈用不售
수 기 조 아 덕 가 용부 수

◇德敎敎化(덕교교화) 道德(도덕)으로써 사람을 착한 길로 引導(인도)하는 가르침.

●禮記月令; 孟春之月命相布德和令行慶施惠下及兆民(鄭玄
○ 예 기 월 령; 맹 춘 지 월 명 상 포 덕 화 령 행경 시 혜 하 급조 민 (정현
注：德謂善敎也)慶賜遂行毋有不當乃命大史守典奉法司天日
주 ; 덕 위 선 교 야) 경 사 수 행무 유 부 당 내 명 대 사수 전 봉 법사 천 일
月星辰之行宿離不貸毋失毋失經紀以初爲常
월 성 진 지 행 숙 리 부대 무 실 무 실 경기 이 초 위상
●經義述聞禮記上; 和當讀爲宣謂布其德敎宣其禁令也
○ 경 의 술 문 예 기상 ; 화 당 독 위 선 위 포 기 덕 교 선기 금 령 야

◈態度(태도) 몸을 가지는 모양. 속의 뜻이 드러나 보이는 겉 모양.

◇人的擧止神情(인적거지신정) 사람에 關(관)한 몸의 온갖 動作(동작)과 表情(표정).

●荀子全書修身; 容貌態度進退趨行由禮則雅不由禮則夷固
○ 순 자 전 서 수 신 ; 용 모 태 도 진퇴 추 행 유례 즉 아 부 유례 즉 이 고
僻違庸衆而野故人無禮則不生事無禮則不成國家無禮則不寧
벽 위용 중 이 야 고 인 무 례 즉 불 생사 무 례 즉 불 성국 가 무 례 즉불 녕
●呂氏春秋去尤; 人有亡鈇者意其鄰之子視其行步竊鈇也顏
○ 여 씨 춘 추 거 우; 인 유 망 부 자 의 기 린 지 자 시기 행 보 절 부야 안
色竊鈇也言語竊鈇也動作態度無為而不竊鈇也相其谷而得其
색 절 부 야 언 어 절 부야 동 작 태도 무 위 이 부 절부 야 상 기 곡이 득 기
鈇他日復見其鄰之子動作態度無似竊鈇者其鄰之子非變也己
부 타 일 복 견기 린 지 자 동 작태 도 무 사 절 부 자 기린 지 자 비변 야 기

則變矣變也者無他有所尤也
즉 변 의 변 야 자 무타 유 소 우 야

◇氣勢姿態(기세자태) 氣運(기운)과 勢力(세력), 形勢(형세), 模樣(모양), 態度(태도).

●二刻拍案惊奇卷九; 鳳生只做看玩園中菊花步來步去賣弄著許多風流態度不忍走回
○ 이 각 박 안 량 기 권 구 ; 봉 생 지 주 간 완 원 중 국 화 보래 보 거 매 롱 저 허다 풍 류 태 도 부 인 주 회

●浣溪沙詞; 腰自細來多態度臉因紅處轉風流
○ 완 계 사 사; 요 자 세 래 다 태 도 검 인 홍 처전 풍 류

◇言行中表現(언행중표현) 말과 行動(행동) 가운데 나타난 形象(形像; 형상)이나 模樣(모양).

●二馬第三段十五; 這种好歹活着的態度是最賤最沒出息的態度
○ 이 마 제 삼 단십 오 ; 저 충 호 알 활 착 적태 도 시 최 천 최몰 출 식 적 태 도

●知人吟; 事到急時觀態度人于危處露肝脾
○ 지 인 음; 사 도 급 시 관 태 도 인 우 위처 로 간 비

==

五常(오상)

사람이 지켜야 할 다섯 가지 도리

◈謂仁義禮智信(위인의예지신) 五常(오상)은 仁(인; 어짊) 義(의; 옳음) 禮(예; 예도) 智(지; 슬기) 信(신; 믿음)을 이른다.

●賢良策一; 夫仁義禮智信五常之道王者所當修飭也五者修
○ 현 량 책 일; 부 인 의 예 지 신 오 상 지 도 왕 자소 당 수칙 야 오 자 수
飭故受天之佑而享鬼神之靈德施于方外延及群生也
칙 고 수 천 지 우 이향 귀 신 지 령 덕시 우 방 외 연급 군 생 야

●時令論下; 聖人之爲敎立中道以示于後曰仁曰義曰禮曰智
○ 시 령 론 하 ; 성 인 지 위 교 립 중 도이 시 우 후왈 인 왈 의 왈예 왈 지
曰信謂之五常言可以常行之也
왈 신 위 지 오 상 언가 이 상행 지 야

◈卽五倫(즉오륜) 사람이 지켜야 할 다섯 가지의 떳떳한 道理(도리). 곧 父子(부자) 사이의 親愛(친애). 君臣(군신) 사이의 義理(의리), 夫婦(부부) 사이의 分別(분

별), 長幼(장유) 사이의 次序(차서), 朋友(붕우) 사이의 信義(신의).

●輟耕彔御史五常; 人之所以讀書爲士君子者正欲爲五常主
○ 철 경 록 어 사 오 상; 인 지 소 이 독 서위 사 군 자 자 정 욕위 오 상 주
張也使我今日謝絶故舊是爲御史而無一常
장 야 사 아 금 일 사 절고 구시 위 어 사 이 무 일 상

◇仁(인) 어짊. 人道(인도)의 極致(극치). 道德(도덕)의 至善(지선).

◇仁愛相親(인애상친) 親族(친족)이나 가까운 이들끼리는 서로 어진 마음으로 사랑한다.

●禮記中庸; 取人以身修身以道修道以仁(鄭玄注; 在於得賢
○ 예 기 중 용; 취 인 이 신 수 신 이 도 수 도이 인 (정 현 주 ; 재 어 득 현
人也)仁者人也親親爲大義者宜也
인 야) 인 자 인 야 친 친 위대 의 자 의 야

●論語顔淵; 樊遲問仁子曰愛人問知子曰知人(鄭玄注; 愛人
○ 논 어 안 연 ; 번 지 문 인 자 왈 애 인문 지 자 왈 지인 (정 현 주 ; 애 인
仁之施知人知之務)
인 지 시 지 인 지지 무)

◇仁者厚道(인자후도) 어진이는 道(도)가 두텁다.

●論語泰伯; 君子篤於親則民興於仁故舊不道則民不偸(鄭玄
○ 논 어 태 백 ; 군 자 독 어 친 즉 민 흥 어 인고 구 불 도 즉 민불 륜 (정 현
注; 君子謂在上之人也興起也偸薄也○張子曰人道知所先後
주 ; 군 자 위 재 상 지 인 야 흥 기 야 론 박 야 ○ 장 자 왈 인 도 지 소선 후

則恭不勞愼不葸勇不亂直不絞民化而德厚 矣)
즉 공 불 로 신 불 사 용불 란 직 불 교 민 화 이 덕 후의)

●孟子告子上; 惻隱之心仁也羞惡之心義也恭敬之心禮也是
○ 맹 자 고 자 상 ; 측 은 지 심 인 야 수 악 지 심 의 야 공 경 지 심례 야 시
非之心智也仁義禮智非由外鑠我也(朱子曰惻隱羞惡心也能惻
비지 심 지 야 인 의 예 지비 유 외 삭 아 야 (주 자 왈 측 은 수악 심 야 능 측
隱羞惡發揮之至於仁義不可勝用者才也)
은 수 악 발 휘 지 지어 인 의 불가 승 용 자 재 야)

◇行惠施利以恩德濟助(행혜시리이은덕제조) 恩惠(은혜)를 施行(시행)하며 利益(이익)을 베풀고 恩惠(은혜)와 德(덕)으로서 도와 주다.

●新書道德說; 六者德之美也道者德之本也仁者德之出也義
○ 신 서 도 덕 설 ; 육 자 덕 지 미 야 도 자 적 지 본 야 인 자 덕 지 출야 의
者德之理也忠者德之厚也信者德之固也密者德之高也○安利
자 덕 지 리 야 충자 덕 지후 야 신 자 덕 지 고 야 밀 자덕 지 고야 ○ 안 리
物者仁行也仁行出於德故曰仁者德之出也
물 자 인 행 야 인 행 출 어덕 고 왈 인 자덕 지 출 야

●韓非子詭使; 難致謂之正難予謂之兼難禁謂之齊有令不聽
○ 한 비 자 궤 사 ; 난 치 위 지 정 남 여 위 지 겸 난 금 위 지 제 유 령불 청
從謂之勇無利於上謂之愿寬惠行德謂之仁
종 위 지 용 무리 어 상 위지 원 관 혜 행 덕위 지 인

◇泛指仁德(범지인덕) 일반적으로 어진 德(덕)을 가리킴.

●孟子大全梁惠王下; 君子不以其所以養人者害人二三子何
○ 맹 자 대 전 량혜 왕 하 ; 군 자 불 이 기 소이 양 인 자 해 인이 삼 자 하

患乎無君我將去之去邠踰梁山邑于岐山之下居焉邠人曰仁人
환 호 무 군 아 장거 지 거 빈유 량 산 읍 우 기산 지 하 거 언빈 인 왈 인 인
也不可失也從之者如歸市(屬音燭)
야 불 가 실 야 종지 자 여 귀 촉 (속 음 촉)

◇有德者之稱指仁人(유덕자지칭지인인) 德性(덕성)이 있는 사람을 어진 사람이라 부른다.

●論語學而; 汎愛衆而親仁行有餘力則以學文(朱註; 謹者行
○ 논 어 학 이 ; 범 애 중 이 친 인 행 유 여 력 즉이 학 문 (주 주 ; 근 자 행
之有常也信者言之有實也汎廣也衆謂衆人親近也仁謂仁者餘
지 유 상 야 신 자 언 지유 실 야 범 광 야 중 위중 인 친 근야 인 위 인자 여
力文謂詩書六藝之文)
력 문 위 시 서 육예 지 문)

●論語微子; 孔子曰殷有三仁焉(朱註; 三人之行不同而同出
○ 논 어 미 자 ; 공 자 왈 은 유 삼 인 언 (주 주; 삼 인 지 행 부 동이 동 출
於至誠惻怛之意故不咈乎愛之理而有以全其心之德也楊氏曰
어 지 성 측 달 지 의 고볼 불 호 애 지리 이 유 이 전 기심 지 덕 야양 씨 왈
此三人者各得其本心故同謂之仁)
차 삼 인 자 각 득 기 본심 고 동위 지 인)

◇指事物中有恩于萬物長育者(지사물중유은우만물장육자) 事物(사물) 中(중)에는 恩德(은덕)을 입게 되면 크게 자라난다고 한다.

●禮記鄕飮酒義; 養之長之假之仁也(孔穎達疏; 養之長之假
○ 예 기 향 음 주 의 ; 양 지 장 지 가 지 인 야 (공 영 달 소 ; 양 지 장지 가

之仁也者假大也謂養育萬物長之使大仁恩也於五行春爲仁夏
지 인 야 자 가 대 야 위양 육 만 물 장 지사 대 인 은 야 어오 행 춘위 인 하
爲禮今春爲聖夏爲仁者春夏皆是生育長養俱有仁恩之義故此
위 례 금 춘 위 성하 위 인자 춘 하 개 시 생 육 장 양 구유 인 은 지의 고 차
夏亦仁也)
하 역 인 야)

●公羊傳隱公元年; 春者何歲之始也(徐彦疏; 夫萬物始生於
○ 공 양 전 은 공 원 년; 춘 자 하 세 지 시 야 (서 언 소; 부 만 물 시 생 어
震震東方之卦也陽氣施生愛利之道故東方爲仁矣故言養生之
진 진 동 방 지 괘 야 양기 시 생 애 리 지도 고 동 방위 인 의 고 언양 생 지
首言是養生萬物之初首)
수 언 시 양 생 만물 지 초 수)

◇思念致思慕之心(사념치사모지심) 그리워하게 되면 思慕(사모)하는 마음을 다함.

●禮記郊特牲; 蜡之祭也主先嗇而祭司嗇也祭百種以報嗇也
○ 예 기 교 특 생 ; 사 지 제 야 주 선 색 이 제 사 색 야 제 백 종이 보 색 야
(孔穎達疏; 不忘恩而報之是仁)
(공 영 달 소 ; 불 망 은 이 보 지시 인)

◆義(의) 옳음. 사리(事理)에 합당(合當)한 행위(行爲).

◇謂符合正義或道德規范(위부합정의혹도덕규범) 틀림없이 서로 꼭 들어맞음. 眞理(진리)에 맞는 올바른 道

理(도리)라 이르거나 혹은 사람으로서 지켜야 할 道理(도리)와 規範(규범)이다.

●論語述而; 子曰不義而富且貴於我如浮雲(朱熹註; 其視不
○ 논 어 술 이; 자 왈 불 의 이부 차 귀 어 아 여 부 운(주 희 주 ; 기 친 불
義之富貴如浮雲之無有漠然無所動於其中也)
의 지 부 귀 여 부운 지 무 유 막 연무 수 동 어기 중 야)

●漢書田叔傳; 魯以百金祠少子仁不受曰義不傷先人名仁以
○ 한 서 전 숙 전; 로 이 백 금 사소 자 인 불 수왈 의 불 상 선 인명 인 이
壯勇爲衛將軍舍人
장 용 위 위 장 군사 인

◇正義或道德規范(정의혹도덕규범)

眞理(진리)에 맞는 올바른 道理(도리)와 또는 사람들이 행동하는데 지켜야 할 道德的(도덕적) 規律(규율)과 法度(법도).

●史記刺客列傳; 豫讓者晉人也敢布腹心於是襄子大義之乃
○ 사 기 자 객 열 전; 예 양 자 진 인 야 감 포 복심 어 시 양 자 대의 지 내
使持衣與豫讓豫讓拔劍三躍而擊之
사 지 의 여예 양 예 양 발 검 삼 약이 격 지

◇理應(리응)

理當(이당). 理解(이해). 당연히. 應當(응당). 당연히 … 해야 한다.

●周易需卦; 彖曰需須也險在前也剛健而不陷其義不困窮矣
○ 주 역 수괘 ; 단 왈 수 수 야 험 재 전 야 강 건 이 불 함기 의 불곤 궁 의
(傳曰需之義須也以險在於前未可遂進故需待而行也)
(전 왈 수 지 의 수 야이 험 재 어 전 미가 수 진 고 수지 이 행 야)

◇适應順應(괄응순응)

부드럽게 對

應(대응)함.

●墨子節葬下; 此所謂便其習而義其俗者也昔者越之東有輆
○ 묵 자 절 장하 ; 차 소 위 편 기 습 이 의 기 속 자야 석 자 월지 동 유해
沐之國者其長子生則解而食之則解而食之謂之宜弟其大父死
목 지 국 자 기 장 자생 즉 해이 식 지 즉 해 이 식지 위 지 의 제 기대 부 사
負其大母而棄之曰鬼妻不可與居處
부 기 대 모 이 기 지 왈귀 처 부가 여 거 처

◇名分(명분) 名目(명목)이 區別(구별)된 대로 그 사이에 반드시 지켜야 할 道理(도리)나 分數(분수).

●史記李斯列傳; 此臣主之分定上下之義明則天下賢不肖莫
○ 사 기 이 사 열 전; 차 신 주 지 분 정 상 하 지 의 명 즉 천 하현 불 초 막
敢不盡力竭任以徇其君矣是故主獨制於天下而無所制也能窮
감 불 진 력 갈 임 이 순기 군 의 시고 주 독 제 어 천 하이 무 소 제야 능 궁
樂之極矣賢明之主也可不察焉
악 지 극 의 현 명 지 주야 가 불 찰 언
●商君書君臣; 古者未有君臣上下之時民亂而不治是以聖人
○ 상 군 서 군 신 ; 고 자 미 유 군 신 상 하 지 시 민 란 이 부 치 시이 성 인
列貴賤制爵位立名號以別君臣上下之義也地廣民衆萬物多故
렬 귀 천 제 작위 립 명 호 이 별 군 신상 하 지 의 야지 광 민 중 만물 다 고
分五官而守之民衆而奸邪生故立法制爲度量以禁之是故有君
분 오 관 이 수 지 민 중이 간 사 생고 립 법 제 위 도량 이 금 지 시고 유 군
臣之義五官之分法制之禁不可不愼也
신 지 의 오 관 지 분 법제 지 금 부 가부 신 야

◇善良善良的行爲(선량선량적행위) 착하고 어질게 사람의 道德的(도덕

적) 性質(성질)을 띤 意識的(의식적)인 행동.

●書經皐陶謨; 彊而義彰厥有常吉哉(蔡沈集傳; 彊而義者彊
○ 서 경 고 요 모; 강 이 의 창 궐 유 상 길 재 (채 심 집 전; 강 이 의 자 강
勇而好義也而轉語辭也正言而反應者所以明其德之不偏皆指
용 이 호 의 야 이 전 어 사야 정 언 이 반응 자 소 이 명 기덕 지 불 편개 지
其成德之自然非以彼濟此之謂也彰著也成德著之於身而又始
기 성 덕 지 자 연 비 이 피제 차 지 위야 창 저 야 성 덕저 지 어 신이 우 시
終有常其吉士矣哉
종 유 상 기 길 사의 재

●禮記緇衣; 有國家者章義癉惡以示民厚則民情不貳(漢鄭氏
○ 예 기 치 의; 유 국 가 자 장 의 단악 이 시 민 후 즉민 정 불 이(한 정씨
注; 義善也)
주 ; 의 선 야)

◇意義道理(의의도리) 意味(의미), 뜻, 價値(가치). 重要(중요)한 程度(정도)와 사람이 마땅히 行(행)해야 할 바른 길.

●穀梁傳昭公四年; 秋七月春秋之義用貴治賤用賢治不肖不
○ 곡 량 전 소 공 사 년; 추 칠 월 춘 추 지 의 용 귀 치천 용 현 치불 초 불
以亂治亂也
이 란 치 란 야

●論衡程材; 董仲舒票春秋之義稽合於律無乖異者
○ 논 형 정 재; 동 중 서 표 춘 추지 의 계 합 어 률 무괴 이자

◇恩義情誼(은의정의) 갚아야 할 義理(의리)와 恩惠(은혜)와 서로 사귀어 친해진 情(정).

●唐元稹鶯鶯傳; 及薦寢席義盛情深愚陋之情永謂終托豈期
○ 당 원 진 앵 앵 전; 급 천 침 석 의 성 정 심우 루 지 정 영위 종 탁 기 기

旣見君子而不能定情致有自獻之羞不復明侍巾幘
기 견 군 자 이 부 능 정 정 치유 자 헌 지 수부 복 명 시건 책
●聊齋志异羅刹海市; 此後妾爲君貞君爲妾義兩地同心即伉
○ 료 재 지 이 라 찰 해 시; 차 후 첩 위 군 정 군 위 첩 의 양 지 동심 즉 항
儷也何必旦夕相守乃謂之偕老乎
려 야 하 필단 석 상 수 내 위 지 해 노호

◇儀容狀貌(의용상모) 몸이 가지는 態度(태도)와 그 사람의 생긴 모양.

●逸周書糴匡解; 服美義淫阜畜約制餘子務藝宮室城廓脩爲
○ 일 주 서 적 광 해; 복 미 의 음 조 축 약 제 여 자 무 예 궁 실 성곽 수 위
備供有嘉菜於是日滿
비 공 유 가 채 어시 일 만
●漢書高帝記下; 遣詣相國府署行義年(顔師古注; 蘇林曰行
○ 한 서 고 제 기 하; 견 예 상 국 부 서 행 의 년 (안 사 고 주 ; 소 림 왈행
狀年紀也)有而弗言覺免年老癃病勿遣
장 년 기 야) 유 이 불 언 각 면 년 노륭 병 물 견

◇儀制法度(의제법도) 儀式(의식)과 制度(제도)와 生活(생활) 上(상)의 禮法(예법)과 制度(제도).

●左傳莊公二十三年夏; 朝以正班爵之義帥長幼之序(孔穎達
○ 좌 전 장 공 이 십 삼 년 하; 조 이 정 반 작 지 의 수 장 유 지 서(공 영 달
疏; 朝以正班爵之等義也)
소 ; 조 이 정 반 작 지 등 의 야)
●周官大司徒; 以儀辨等則民不越鄭注曰儀謂君南面臣北面
○ 주 관 대 사 도 ; 이 의 변 등 즉 민 불 월 정 주 왈 의 위 군 남 면 신북 면
父坐子伏之屬故曰不敢亂者畏禮儀也古書仁義字本作誼禮儀
부 좌 자 복지 속 고 왈 불 감 란 자 외례 의 야 고 서 인 의자 본 작 의 예 의
字本作義
자 본 작 의

◆**禮(예)** 예도(禮度). 사람으로서 행하여야 할 行動擧止(행동거지).

◇**敬神(경신)** 神(신)을 받들어 恭敬(공경)함.

●儀禮覲禮; 禮日於南門外禮月與四瀆於北門外禮山川丘陵於西門外
○ 의례근례 ; 예일어남문외예월여사독어북문외예산천구릉어서문외

●東都賦; 於是薦三犧效五牲禮神祇懷百靈
○ 동도부 ; 어시천삼희효오생예신기회백령

◇**行爲準則道德規範禮節(행위준칙도덕규범예절)** 사람이 行(행)하는 짓에서 標準(표준)으로 삼아 따라야 할 規則(규칙)과 사람으로서 지켜야 할 道理(도리)에 본보기가 될 만한 制度(제도), 規模(규모), 禮儀(예의)에 關(관)한 모든 秩序(질서)나 節次(절차).

●論語子罕; 博我以文約我以禮(朱熹註; 博我以文致知格物也約我以禮克己復禮也)
○ 논어자한 ; 박아이문약아이례 (주희주 ; 박아이문치지격물야약아이례극기복례야)

●晏子春秋諫上二; 凡人之所以貴於禽獸者以有禮也故詩曰人而無禮胡不遄死禮不可無也
○ 안자춘추간상이 ; 범인지소이귀어금수자이유례야고시왈인이무례호불천사례불가무야

◇禮遇厚待(예우후대) 禮待(예대).

禮(예)를 갖추어 鄭重(정중)하게 待遇(대우)함.

●禮記月令; 季春之月聘名士禮賢者(漢鄭注; 名士不仕者)(孔穎達疏; 正義曰蔡氏云賢者名士之次亦隱者也)
○ 예기월령; 계춘지월빙명사례현자(한정주; 명사불사자) (공영달소; 정의왈채씨운현자명사지차역은자야)

●資治通鑑普惠帝永興二年; 凡江東豪傑名士咸加收禮爲將軍郡守者四十餘人
○ 자치통감보혜제영흥이년; 범강동호걸명사함가수례위장군군수자사십여인

◇莊嚴有威儀(장엄유위의) 規模(규모)가 크고 嚴肅(엄숙)함. 무게가 있어 畏敬(외경)할 만한 擧動(거동)에는 禮法(예법)에 合當(합당)한 몸가짐을 가져야 한다.

●禮記內則; 禮帥初無辭(漢鄭氏注; 無辭辭謂欽有帥記有威也)(孔穎達疏; 禮帥初無辭者禮謂威儀也)
○ 예기내칙; 예수초무사(한정씨주; 무사사위흠유수기유위야)(공영달소; 예수초무사자례위위의야)

●尸子君治; 秋爲禮西方爲秋秋肅也萬物莫不肅敬禮之至也
○ 시자군치; 추위례서방위추추숙야만물막불숙경례지지야

◇儀式典禮(의식전례) 禮之名有五; 吉凶軍賓嘉(예지명유오; 길흉군빈가)禮之事有九; 冠婚朝聘喪祭賓主鄉飮酒軍旅(예지사유구; 관혼조빙상제빈주향음주군여). 어떤

行事(행사)를 치르는 法式(법식)에 王室(왕실) 또는 나라의 길흉에 關(관)한 儀式(의식).

●史記廉頗藺相如列傳; 卒廷見相如畢禮而歸之相如既歸趙
○ 사 기 렴 파 린 상 여 열 전; 졸 정 견 상 여 필 례이 귀 지 상여 기 귀 조
王以爲賢大
왕 이 위 현 대

◇禮物(예물) 謝禮(사례)의 뜻으로 주는 物件(물건). 膳物(선물). 新婦(신부)의 첫 人事(인사)를 받은 媤父母(시부모)가 答禮(답례)로 주는 物品(물품). 結婚式(결혼식)에서 新郎(신랑) 新婦(신부)가 서로 주고받는 紀念品(기념품). 典禮(전례)와 文物(문물).

●禮記表記; 子曰無辭不相接也無禮不相見也(鄭玄注; 禮謂
○ 예 기 표 기; 자 왈 무 사 불 상 접 야 무 례 불 상 견 야(정 현 주 ; 예 위
摯也)(孔穎達疏; 無禮不相見者禮謂贄幣也贄幣所以示己情若
지 야) (공 영 달 소; 무 례 불 상 견 자 예 위 지 폐 야지 폐 소 이시 기 정 약
無贄幣之禮不得相見所以然者欲民之無相褻瀆也)
무 지 폐 지 례 부 득상 견 소 이 연 자 욕민 지 무 상설 독 야)
●晉書陸納傳; 及受禮唯酒一斗鹿肉一柈坐客愕然納徐曰明
○ 진 서 육 납 전; 급 수 례 유 주 일 두 록 육 일 반 좌 객 악 연 납서 왈 명
公近云飮酒三升納止可二升今有一斗以備杯杓餘瀝
공 근 운 음 주 삼 승 납 지가 이 승 금 유 일 두이 비배 표 여 력

◇禮文禮節周禮儀禮禮記合稱三

禮(예문예절주례의례예기합칭삼례)

禮法(예법)에 關(관)한 禮儀(예의)에 關(관)한 節次(절차)에는 周禮(주례) 儀禮(의례) 禮記(예기) 三禮(삼례)를 이름이라.

●孟子集註大全公孫丑下; 禮曰父無諾君命召不俟駕固將朝
○ 맹 자 집 주 대 전공 손 축 하; 례 왈 부 무 낙 군 명 소 부 사 가고 장 조
也聞王命而遂不果宜與夫禮若不相似然 (註; 禮曰父命呼唯
야 문 왕 명 이수 부 과 의 여 부례 약 부 상 사 연 (주 ; 예 왈 부 명 호 유
而不諾又曰君命召在官不俟屨
이 불 낙 우 왈 군 명 소 재관 불 사 구

◇三禮(삼례)

十三經(십삼경) 중의 周禮(주례)·儀禮(의례)·禮記(예기)의 세 가지 책.

①祭天地宗廟之禮(제천지종묘지례)

하늘과 땅과 宗廟(종묘) 祭祀(제사) 드리는 禮法(예법). 하늘·땅·죽은 자에게 지내는 제사.

●書經舜典; 帝曰咨四岳有能典朕三禮(孔傳; 三禮天地人之
○ 서 경 순 전 ; 제 왈 자 사 악 유 능 전 짐 삼 례(공 전 ; 삼 례 천 지 인지
禮)(集傳蔡沈注; 三禮祀天神享人鬼祭地祇之禮也)
례) (집 전 채 심 주 ; 삼 례 사 천신 향 인 귀 제 지기 지 례야)
●隋書禮儀志序; 唐虞之世祭天之屬爲天禮祭地之屬爲地禮
○ 수 서 예 의 지 서; 당 우 지 세 제 천 지 속 위 천 례제 지 지 속위 지 례

祭宗廟之屬爲人禮
제 종 묘 지 속 위 인 례

②儒家經典周禮儀禮禮記(유가경전주례의례예기) **儒家(유가)의 經傳(경전)에는 周禮(주례) 儀禮(의례) 禮記(예기) 세가지 책이 있음.**

●後漢書儒林傳下董鈞; 中興鄭衆傳周官經後馬融作周官傳
○ 후 한 서 유 림 전 하 동 조; 중 흥 정 중 전 주 관 경 후 마 융작 주 관 전
授鄭玄玄作周官注玄本習小戴禮後以古經校之取其義長者故
수 정 현 현 작 주 관 주 현본 습 소 대 례 후이 고 경 교 지취 기 의장 자 고
爲鄭氏學玄又注小戴所傳禮記四十九篇通爲三禮焉
위 정 씨 학 현 우 주소 대 소 전 예기사 십 구 편 통 위 삼 례 언

●送陳密序; 今將易其業而三禮是習願先生之張之也(註)三禮
○ 송 진 밀 서; 금 장 역 기 업 이 삼 례 시 습 원 선 생지 장 지 야(주) 삼 례
儒家經典周禮儀禮禮記的合稱
유 가 경 전 주 례 의 례 예기 적 합 칭

③喪禮葬禮祭禮(상례장례제례) **喪禮(상례). 葬禮(장례). 祭禮(제례).**

●池北偶談談藝六三禮; 楊太史用賓致知小語云周禮儀禮大
○ 지 북 우 담 담 예 육삼 례; 양 태 사 용 빈 치지 소 어 운 주 례 의례 대
戴禮曰三禮喪禮葬禮祭禮亦曰三禮天神人鬼地祇亦曰三禮
대 례 왈 삼 례 상 례 장례 제례 역 왈 삼 례 천 신 인 귀 지기 역 왈삼 례

◆智(지) 슬기. 지혜(智慧). 事物(사물)을 分別(분별)하는 能力(능력).

◇智慧聰明(지혜총명) **삶의 經驗**

(경험)이 豊富(풍부)하거나 世上(세상) 理致(이치)나 道理(도리)를 잘 알아 일을 바르고 옳게 處理(처리)하는 마음이나 頭腦(두뇌)의 能力(능력). 슬기. 슬기롭고 道理(도리)에 밝음.

●老子道德經; 絶聖棄智民利百倍絶仁棄義民復孝慈絶巧棄
○ 노 자 도 덕 경; 절 성 기 지 민 리 백 배 절 인기 의 민 복 효자 절 교 기
利盜賊無有此三者以爲文不足故令有所屬見素抱樸少私寡欲
리 도 적 무 유 차삼 자 이 위문 부 족 고 영 유 소속 현 소 포 박 소사 과 욕
●詣建平王上書; 魯連之智辭祿而不返接輿之賢行歌而忘歸
○ 예 건 평 왕 상 서; 노 연 지 지 사록 이 불 반 접 여지 현 행가 이 망 귀
子陵閉關於東越仲蔚杜門於西秦亦良可知也
자 릉 폐 관 어 동 월중 울 두 문어 서 태 역 량 가지 야

◇志士(지사) **節義(절의)가 있는 선비. 큰 뜻을 품은 사람. 節操(절조) 있는 사람.**

●戰國策燕策三; 語曰仁不輕絶智不輕怨君之于先王也世百
○ 전 국 책 연 책 삼; 어 왈 인 불 경 절 지 불 경 원 군지 우 선 왕야 세 백
之所明知也寡人望有非則君掩蓋之不虞君之明罪
지 소 명 지야 과 인 망 유 비 즉 군 엄개 지 부 우 군 지명 죄
●淮南子本經訓; 智之所不知辯弗能解也不言之辯不道之道
○ 회 남 자 본 경 훈; 지 지 소 불 지 변 불 능해 야 부 언 지 변 부도 지 도
若或通焉謂之天府
약 혹 통 언 위지 천 부

◇計謀策略(계모책략) **計略(계략), 計策(계책)과 謀略(모략), 꾀. 謀策(모책)과 方略(방약). 策謀(책모).**

●史記項羽本紀; 漢王笑謝曰吾寧鬬智不能鬬力項王令壯士
○ 사 기 항 우 본 기; 한 왕 소 사 왈 오 녕 투 지 부 능투 력 항 왕령 장 사
出挑戰漢有善騎射者樓煩
출 도 전 한 유 선기 사 자 루 번
●新唐書李泌傳; 帝方與燕國公張說觀弈因使說試其能說請
○ 신 당 서 이 비 전; 제 방 여 연 국 공 장 설 관혁 인 사 설 시기 능 설 청
賦方圓動靜泌逡巡曰願聞其略說因曰方如棋局圓若棋子動若
부 방 원 동 정필 준 순 왈 원 문 기략 설 인 왈 방 여기 국 원 약 기자 동 약
棋生靜若棋死
기 생 정 약기 사

◇知識(지식) 어떤 對象(대상)을 研究(연구)하거나 배우거나 또는 實踐(실천)을 通(통)해 얻은 明確(명확)한 認識(인식)이나 理解(이해).

●荀子正名; 所以知之在人者謂之知知有所合謂之智(楊倞註;
○ 순 자 정 명; 소 이 지 지 재 인 자 위 지 지 지 유 소합 위 지 지(양 경 주;
知之在人者謂在人之心有所知者知有所合謂所知能於合物也
지 지 재 인 자 위재 인 지 심 유 소 지 자지 유 소 합 위소 지 능어 합 물 야
●文心雕龍序志; 生也有涯無涯惟智逐物實難凭性良易傲岸
○ 문 심 조 룡 서 지; 생 야 유 애 무 애 유 지축 물 실 난 빙성 량 역 오 안
泉石咀嚼文義文果載心余心有寄
천 석 저작 문 의 문 과 재심 여 심 유 기

◇智惠(지혜) 亦作(역작) 智慧(지혜). 삶의 經驗(경험)이 豐富(풍부)하거나 世上(세상) 理致(이치)나 道理(도리)를 잘 알아 일을 바르고 옳게 處理(처리)하는, 마음이나

頭腦(두뇌)의 能力(능력). 슬기.

①聰明才智(총명재지) 슬기롭고 道理(도리)에 밝음. 재주와 智慧·知慧(지혜·지혜).

●墨子尙賢中; 若此之使治國家則此使不智慧者治國家也國
○ 묵 자 상 현 중; 약 차 지 사 치국 가 즉 차 사 불지 혜 자 치국 가 야 국
家之亂既可得而知已且夫王公大人有所愛其色而使其心不察
가 지 란 기 가 득이 지 이 차 부 왕 공대 인 유 소 애 기색 이 사 기심 부 찰
其知而與其愛
기 지 이 여기 애

●桃花源詩; 英雄滅盡有石闕智惠屛去無年華俗骨思歸俗骨
○ 도 화 원 시; 영 웅 멸 진 유 석 궐 지혜 병 거 무 년화 속 골 사귀 속 골
思歸一相送愼勿與世言云霞出洞沿溪梦寐覺物景都失同回槎
사 귀 일 상 송 신 물 여세 언운 하 출 동 연 계 몽 매 각 물경 도실 동 회 차
心寄草樹欲复往山幽水亂尋无涯
심 기 초 수 욕 복 왕산 유 수 란 심 무 애

②梵語般若(범어반야) 完成(완성)된 言語(언어)란 뜻으로 俗語(속어)에 對(대)한 雅語(아어)란 意味(의미). 印度(인도)유럽 語族(어족)에 따르면 그 가장 오랜 形態(형태)를 남기고 있고, 現代(현대) 유럽의 여러 言語(언어)와 동일 助語(조어)에서 派生(파생)한 것임. 佛教(불교)가 퍼짐에 따라 東(동) 아시아 여러 나라에도 傳(전)해졌음. 산스크리트는 分別(분별)이나 妄想(망상)을 떠나 깨달음과 참모습을 환히 아는 智慧·

知慧(지혜 · 지혜). 智慧(지혜) · 知慧(지혜)를 얻어야 成佛(성불)함

●大智度論卷四三; 般若者一切諸智慧中最爲第一無上無比
○ 대 지 도 론 권 사 삼; 반 야 자 일 절 제 지 혜 중 최위 제 일 무상 무 비
無等更無勝者
무 등 경 무승 자

●顔氏家訓歸心; 萬行歸空千門入善辯才智惠豈徒七經百氏
○ 안 씨 가 훈 귀 심; 만 행 귀 공 천 문 입 선 변 재지 혜 기 도칠 경 백 씨
之博哉辨析佛法奧義的才能
지 박 재 변 석 불법 오 의 적재 능

◆信(신) 믿음. 의심치 않음. 진실(眞實).

◇誠實不欺(성실불기) 精誠(정성)스럽고 참되어 속이지 않는다.

●論語學而; 曾子曰吾日三省吾身爲人謀而不忠乎與朋友交
○ 논 어 학 이; 증 자 왈 오 일 삼 성 오 신 위 인모 이 불 충 호 여 붕우 교
而不信乎傳不習乎 (朱熹註; 盡己之謂忠以實之謂信傳謂受之
이 불 신 호 전 불 습 호 (주 희 주 ; 진 기 지 위 충 이 실지 위 신 전 위수 지
於師習謂熟之於己曾子以此三者日省其身有則改之無則加勉
어 사 습 위 숙 지 어기 증 자 이 차 삼 자 일성 기신 유 즉 개 지무 즉 가 면
其自治誠切如此可謂得爲學之本矣而三者之序則又以忠信爲
기 자 치 성 절 여차 가 위 득 위학 지 본 의 이 삼 자 지서 즉 우 이충 신 위
傳習之本也)
전 습 지본 야)

●唐韓愈集論今年權停擧選狀; 以臣之愚以爲宜求純信之士
○ 당 한 유 집 론 금 년권 정 거선 장; 이 신 지 우 이 위 의 구 순 신 지 사
骨鯁之臣憂國如家忘身奉上者超其爵位置在左右如殷高宗之
골 경 지 신 우 국 여 가 망신봉 상 자 초 기 작 위 치재 좌 우 여 은고 종 지

用傳說
용 부 설

◇受信用實踐諾言(수신용실천낙언)

郵便(우편)이나 電報(전보) 따위의 通信(통신)을 받는데 쓰이는 自然(자연)이나 社會(사회)를 變革(변혁)하는 意識的(의식적)이고 計劃的(계획적)인 모든 活動(활동)을 承諾(승낙)하는 말.

●春秋左傳宣公二年; 傳曰麑退歎而言曰不忘恭敬民之主也
○ 춘 추 좌 전 선 공이 년 ; 전 왈 예 퇴 탄 이 언왈 불 망 공 경민 지 주 야
賤民之主不忠棄君之命不信有一于此不如死也
천 민 지 주 불 충기 군 지 명 불 신 유일 우 차 불여 사 야

●國語晉語二; 吾聞之申生甚好信而彊又失言於衆矣雖欲有
○ 국 어 진 어 이; 오 문 지 신 생 심 호 신 이 강우 실 언 어 중 의수 욕 유
退衆將責焉(韋昭注; 彊彊禦也信言必行之失言許衆以取國也)
퇴 중 장 책 언 (위 소주 ; 강 강 어 야 신 언 필 행지 실 언 허중 이 취 국 야)

◇果眞确實(과진확실)

정말이라면. 확실히. 정말로. 진실로.

●書經金縢; 二公及王及問諸史與百執事對曰信噫公命我勿
○ 서 경 금 등; 이 공 급 왕 급 문 제사 여 백 집사 대 왈 신 희공 명 아 물
敢言(孔傳; 史百執事言信有此事周公使我勿道)
감 언 (공 전 ; 사 백 집 사 언신 유 차 사 주 공 사 아 물 도)

●池北偶談老僧; 張云牡丹高六七尺大十五圍曩見河南段凝
○ 지 북 우 담 노 승; 장 운 모 단 고 육 칠 척 대 십 오위 낭 견 하남 단 응
之氏六十年牡丹不及其半信百年物也
지 씨 륙 십 년 모 단 부급 기반 신 백 년 물 야

◇不發生差誤有規律(불발생차오유규률) 실수를 저지르지 않는 것은 행동(行動)의 準則(준칙)이 되는 본보기가 있어서이다.

●管子任法; 故聖君設度量置儀法如天地之堅如列星之固如
○ 관 자 임 법; 고 성 군 설 도 량 치 의 법 여 천지 지 견 여 렬 성지 고 여
日月之明如四時之信然故令往而民從之
일 월 지 명 여사 시 지 신연 고 령 왕 이 민 종 지
●水經注; 穴口若井一日之中十溢十竭信若潮流
○ 수 경 주; 혈 구 약 정 일 일 지중 십 일 십 갈신 약 조 류

◇表明明确(표명명확) 있는대로 드러내 보여 明確(명확)하게 함.

●左傳定公八年; 王孫賈趨進曰盟以信禮也(杜預注; 信猶明
○ 좌 전 정 공 팔 년; 왕 손 가 추 진 왈 맹 이 신례 야 (두 예 주; 신 유 명
也)有如衛君其敢不唯禮是事而受此盟也
야) 유 여 위 군 기 감 불 유례 시 사 이 수 차 맹 야
●國語晉語一; 且夫勝狄諸侯惊惧吾邊鄙不儆倉廩盈四邻服
○ 국 어 진 어 일; 차 부 승 적 제 후 량 구 오 변 비부 경 창 름 영사 린 복
封疆信君得其賴(韋昭 注; 信審也)又知可否其利多矣
봉 강 신 군 득 기 뢰 (위 소 주; 신 심 야) 우 지 가 부기 리 다 의

◇信從相信(신종상신) 믿고 따라 좇음은 서로 믿음에서다.

●書經湯誓; 爾尙輔予一人致天之罰爾無不信朕不食言爾不
○ 서 경 탕 서; 이 상 보 여 일 인치 천 지 벌 이 무 부신 짐 부 식언 이 부

從誓言予則孥戮汝罔有攸赦
종 서 언 여 칙 노륙 여 망 유 유 사

●孟子集註大全盡心下; 孟子曰盡信書則不如無書吾於武成取二三策而已矣(註; 取其二三策之言其餘不可盡信也)仁人無敵於天下以至仁伐至不仁而何其血之流杵也
○ 맹 자 집 주 대 전진 심 하; 맹 자 왈 진 신 서 즉 불 여 무서 오 어 무성 취 이 삼 책 이 이 의 (주; 취 기 이 삼 책 지 언 기여 불 가 진 신 야) 인인 무 적 어 천 하 이 지 인 벌 지부 인 이 하 기혈 지 류 저야

◇知道料到(지도료도) 잘 알고 미리 내다보다.

●淮南子汎論訓; 及其爲天子三公而立爲諸侯賢相及始信於異衆也 (高誘注; 信知也)
○ 회 남 자 범 론 훈; 급 기 위 천 자 삼 공 이 립위 제 후 현 상급 시 신 어 이 중 야 (고 유 주 ; 신 지야)

●抛球樂詞; 須信豔陽天看未足已覺鶯花謝對緣蟻翠蛾怎忍輕舍
○ 포 구 악 사; 수 신 염 양 천 간 미 족 이 각 앵 화사 대 연 의취 아 즘 인 경 사

◇任意听任(임의은임) 자기 의사(意思)대로 하도록 맡기다. 하자는 대로 하다. 마음대로 하게 하다. 좋을 대로 내맡기다.

●荀子哀公篇; 故明主任計不信怒闇主信怒不任計(楊倞註; 信亦任也)
○ 순 자 애 공 편; 고 명 주 임 계 불 신 노암 주 신 노부 임 계 (양 경 주; 신 역 임 야)

●顔氏家訓涉務; 至今八九世未有力田悉資俸祿而食耳假令
○ 안 씨 가 훈 섭 무; 지 금 팔 구 세 미 유 력 전실 자 봉 록 이식 이 가 령

有者皆信僮僕爲之
유 자 개 신 동 복 위지

◇符契凭証(부계빙정) 符節(부절). 돌이나 대나무, 옥 따위로 만든 부신 證明書(증명서).

●墨子號令; 大將使人行守操信符信不合及號不相應者伯長
○ 묵 자 호 령; 대 장 사 인 행 수조 신 부 신 부 합급 호 부 상 응자 백 장
以上輒止之以聞大將當止不止及從吏卒縱之皆斬
이 상 첩 지 지 이 문 대 장당 지 부 지급 종 리 졸종 지 개 참
●周禮地官司徒第二; 掌節上士二人中士四人府二人史四人
○ 주 례 지 관 사도 제 이 ; 장 절 상 사 이 인 중 사사 인 부 이 인사 사 인
胥二人徒二十人(鄭玄注; 節猶信也)
서 이 인 도 이 십 인 (정 현 주; 절 유 신 야)

◇使者(사자) 어떤 사명(使命)을 맡아서 심부름을 하는 사람. 행인(行人). 使節(사절).

●史記韓世家; 命戰車滿道路發信臣多其車重其幣使信王之
○ 사 기 한 세 가; 명 전 거 만 도 로 발 신 신 다 기거 중 기 폐 사신 왕 지
救己也縱韓不能聽我韓必德王也(註; 索隱曰言韓王信楚之救
구 기 야 종 한 불 능 청아 한 필 덕 왕 지(주; 삭 은 왈 언 한 왕 신 초 지 구
雖不能聽待楚救至折入於秦猶德於楚也)
수 불 능 청 대 초구 지 절 입 어 진유 덕 어 초 야)
●資治通鑑晉安帝元興三年; 卽馳信召焉時穆之聞京口讙譟
○ 자 치 통 감 진 안제 원 흥 삼 년; 즉 치 신 소 언 시 목 지 문경 구 환 조
聲晨起出陌頭屬與信會穆之直視不言者久之旣而返室坏布裳
성 신 기 출 맥 두 속여 신 회 목 지 직시 부 언 자 구지 기 이 반 실 배 포 상
爲袴往見裕
위 고 왕 견 유

◇書信(서신) 便紙(편지). 書翰(서한). 書簡(서간).

●梁書到漑傳; 因賜漑連珠曰硏磨墨以騰文筆飛毫以書信
○ 양 서 도 개 전; 인 사 개 연 주왈 연 마 묵 이 등문 필 비 호이 서 신
●晉書陸機傳; 我家絶無書信汝能齎書馳取消息不犬喜搖尾
○ 진 서 육 기 전; 아 가 절 무 서 신 여 능 재 서 치취 소 식 부 견희 요 미
作聲應之機試爲書盛以竹筒繫之犬頸犬出驛路走向呉
작 성 응 지 기 시 위 서 성 이죽 통 계 지 견경 견 출역 로 주 향 오

◇消息音訊(소식음신) 便紙(편지). 音書(음서). 音息(음식). 音信(음신). 消息(소식).

●太玄應; 陽氣極于上陰信萌乎下萌孽之始生者也上下相應
○ 태 현 응; 양 기 극 우 상 음 신 맹 호하 맹 얼 지시 생 자 야상 하 상 응
●紅樓夢第一一三回; 一時王夫人聽了丫頭的信也過來了先
○ 홍 루 몽 제 일 일 삼 회; 일 시 왕 부 인 청 료 아두 적 신 야과 래 료 선
見鳳姐安靜些心下略放心見了劉姥姥便說劉姥姥你好什麼時
견 봉 저 안 정 사 심 하략 방 심 견 료 류모 모 편 설 류 모 모 니 호 십 마 시
候來的劉姥姥便說請太太安
후 래 적 류 모모 편 설 청 태 태 안

==================================

虛(허)와 正(정)

社會(사회)와 政界(정계) 指

導者(지도자)들이 갖추고 있어서는 안될 虛(허)와 반듯이 갖춰야만 될 正(정).

◈虛(허) 虛僞(허위). 거짓.

◇妄說(망설) 猶胡說(유호설). 妄言(망언). 妄靈(망령)된 생각이나 主張(주장). 함부로 말하다. 허튼 소리를 하다.

●後漢記獻帝紀; 卓曰我爲將百戰百勝卿勿妄說且汙我刀鋸
○ 후 한 기 헌 제 기; 탁 왈 아 위 장 백 전 백 승 경물 망 설 차오 아 도 거
●史通雜說中; 如隋書王劭哀充兩傳唯錄其詭辭妄說遂盈一篇
○ 사 통 잡 설 중; 여 수서 왕 초 애 충 양 전 유록 기 궤 사 망 설수 영 일 편

◇妄語(망어) 거짓말. 헛된 말. 망령된 말(을 하다). 허튼소리(를 하다).

①謊言虛妄不實話(황언허망불실화) 實地(실지)로 있던 事實(사실)의 이야기가 아닌 거짓말이 어이없고 虛無(허무)하다.

●梁書良吏傳何遠; 每戲語人云卿能得我一妄語則謝卿以一
○ 양 서 양 리 전 하원 ; 매 희 어 인 운 경 능 득 아 일망 어 즉사 경 이 일

縑衆共伺之不能記也
겸 중 공 사 지 불 능기 야
●花邊文學北人與南人; 相書上有一條說北人南相南人北相
○ 화 변 문 학 북 인여 남 인; 상 서 상 유 일 조 설북 인 남 상 남 인 북 상
者貴我看這幷不是妄語
자 귀 아 간 저병 불 시 망 어

②撒謊胡說(살황호설) **扯謊(차황). 掉誕(도탄). 掉蛋(도단). 扯空(차공). 調謊(조황). 說謊(설황). 掉謊(도황). 거짓말을 하다. 허튼 소리를 하다. 함부로 되는 대로 지껄이는 말.**

●後漢書王霸傳; 光武笑曰候吏果妄語也遂前比至河河冰亦
○ 후 한 서 왕 패 전; 광 무 소 왈 후 리 과 망 어 야수 전 비지 하 하 빙 역
合乃令霸護度未畢數騎而冰解
합 내 령 패 호 도 미 필수 기 이빙 해
●百喩經偸犛牛喩; 知爾妄語都不可信
○ 백 유 경 투 리 우유 ; 지 이 망 어 도 불 가 신

◇佯言(양언) **거짓말. 남을 속이는 말. 事實(사실)이 아닌 것을 事實(사실)인 것처럼 꾸며 대어 말을 함. 또는 그런 말.**

●韓非子內儲說上; 子之相燕坐而佯言曰走出門者何白馬也
○ 한 비 자 내 저설 상 ; 자 지 상 연좌 이 양 언 왈주 출 문 자하 백 마 야

◇僞言(위언) **거짓말. 虛言(허언). 謊言(황언). 남을 속이고 거짓으로 하는 말.**

①假話(가화) 謂說假說(위설가설). 謊話(황화). 거짓말.

●國語晉語三; 僞言誤衆死今鄭失次犯令而罪一也鄭擅進退
○ 국 어 진 어 삼; 위 언 오 중 사 금 정 실 차 범 령이 죄 일 야 정천 진 퇴
而罪二也女誤梁由靡使失秦公而罪三也君親止女不面夷而罪
이 죄 이 야 녀 오량 유미 사 실 진 공 이 죄 삼 야 군 친지 녀 부 면이 이 죄
四也
사 야

●論衡問孔; 或人難之孔子知其陋然而猶曰何陋之有者欲遂
○ 논 형 문 공; 혹 인 난 지 공 자 지 기 루 연 이 유 왈 하루 지 유자 욕 수
已然距或人之諫也實不欲往志動發言是僞言也如知其陋苟欲
이 연 거 혹 인 지 간야 실 불 욕 왕 지 동 발언 시 위 언야 여 지기 루 구 욕
自遂此子路對孔子以子羔也
자 수 차 자 로 대 공자 이 자 고 야

②人爲之言造作之言(인위지언조작지언) 人爲的(인위적)으로 造作(조작)한 말.

●答蔣松如書; 誠使陸敬輿司馬君實諸人生于今日爲四子書
○ 답 장 송 여 서; 성 사 육 경 여 사 마 군 실 제 인생 우 금 일 위사 자 서
文韓退之李習之曾子固諸人爲之序傳之数千載之后其尊于揚
문 한 퇴지 리 습 지 증 자 고 제인 위 지 서 전 지 수천 재 지 후 기존 우 양
雄之僞言劉歆之飾說盖可必也
웅 지 위 언 유 흠 지 식설 개 가필 야

◇虛邪(허사) 五邪(오사): 虛邪(허사)·實邪(실사)·賊邪(적사)·微邪(미사)·正邪(정사)의 하나. 몸이 허한 틈을 타서

침범한 邪氣(사기). 공허하고 간사함.

①虛僞邪惡(허위사악) 사실(事實)이 아닌 것을 사실(事實)처럼 꾸민 것. 없는 사실(事實)을 거짓으로 꾸며 도리(道理)에 어긋나고 악독(惡毒)함.

●管子弟子職; 志毋虛邪行必正直游居有常必就有德顏色整
○ 관 자 제 자 직; 지 무 허 사 행 필 정직 유 거 유상 필 취 유 덕 안 색 정
齊中心必式夙興夜寐衣帶必飭朝益暮習小心翼翼(尹知章注;
제 중 심 필 식숙 흥 야 매 의대 필 칙 조 익 모 습소 심 익 익 (윤 지 장 주 ;
虛謂虛僞)
허 위 허 위)

②病的邪氣(병적사기) 병이 있는 듯한 요망(妖妄)스럽고 간악(奸惡)한 기운(氣運).

●素問上古天眞論; 起居無節故半百而衰也夫上古聖人之敎
○ 소 문 상 고 천 진 론; 기 거 무 절 고 반 백 이 쇠야 부 상 고성 인 지 교
下也皆謂之虛邪賊風避之有時(王冰注; 邪乘虛入是謂虛邪靈
하 야 개 위 지 허사 적 풍 피 지 유 시(왕 빙 주 ; 사 승 허 입 시 위허 사 영
樞經曰邪氣不得其虛不能獨傷人也明人虛乃邪勝之也)
추 경 왈 사 기 부 득 기허 불 능 독 상 인야 명 인허 내 사 승 지 야)
●云笈七籤卷五十七; 是以因天時調血氣者也若此時犯冒虛
○ 운 급 칠 섬 권 오 십칠; 시 이 인 천 시 조 혈기 자 야 약 차시 범 모 허
邪則以身之虛而逢天之虛兩虛相感其起至骨入則傷五臟
사 즉 이 신 지허 이 봉 천 지 허 양 허 상감 기 기 지골 입 즉 상 오 장

◇虛說(허설) 無稽之談(무계지담). 헛된 말. 거짓말. 事實(사실)이 아닌 것을 사

실인 것처럼 꾸며 대어 하는 말.

●宋書范曄傳; 甲姦險好利負吾事深乙凶愚不齒扇長無賴丙
○ 송서범엽전; 갑 간 험 호 리 부 오 사 심 을흉 우 불 치 선 장무 뢰 병
丁趨走小子唯知諂進伺求長短共造虛說致令禍陷骨肉誅戮無
정 추 주 소 자 유지 첨 진 사 구 장 단 공조 허 설 치 령화 함 골육 주 륙 무
辜
고

●南史齊竟陵文宣王子良傳; 道路之談自爲虛說耳蒼生方塗
○ 남 사 제 경 릉 문 선 왕자 량 전; 도 로 지 담자 위 허 설 이 창생 방 도
炭矣政當瀝耳聽之建武中故吏範雲上表為子良立碑事不行子
탄 의 정 당 력 이 청 지건 무 중 고 리 범운 상 표 위 자량 립 비 사부 행 자
昭冑嗣昭冑字景胤泛涉書史有父風位太常
소 주 사 소 주 자 경윤 범 섭 서 사 유부 풍 위 태 상

◇虛言(허언) 空話假話(공화가화). 實狀(실상)이 없는 빈 말. 거짓말. 진실이 아닌 말. 실상(實相)이 없는 말.

●史記遊俠列傳; 由此觀之竊鉤者誅竊國者侯侯之門仁義存
○ 사 기 유 협 열 전; 유 차 관 지 절 구 자 주 절 국 자후 후 지문 인 의 존
非虛言也同一件事同一個行動不同地位的人看法截然不同
비 허 언 야 동 일 건사 동 일 개행 동 부 동 지 위 적 인간 법 절 연 부 동

●三國演義第一一七回; 成都危在旦夕公何不應天順人仗義
○ 삼 국 연 의 제 일 일 칠회; 성 도 위 재 단 석 공 하 불 응 천 순 인 장 의
來歸艾當表公爲琅琊王以光耀祖宗決不虛言
래 귀 애 당 표 공 위 랑야 왕 이 광요 조 종 결 부허 언

◇虛僞(허위) 不眞實虛假(불진실허가). 거짓. 그릇된 思考(사고). 事實(사실)이 아닌 것을 事實(사실)처럼 꾸민 것. 없는 事實(사

실)을 거짓으로 꾸밈.

●朱子語類卷九七; 如惡惡臭如好好色十分眞實恁地便是誠
○ 주 자 어 류 권 구 칠; 여 악 악 취 여 호 호 색 십분 진 실 임 지편 시 성
若有八九分恁地有一分不恁地便是夾雜些虛僞在內便是不誠
약 유 팔 구 분 임지 유 일 분 불 임 지 편시 협 잡 사허 위 재 내 편 시 불 성
●莊子盜跖; 子之道狂狂汲汲詐巧虛僞事也非可以全眞也奚
○ 장 자 도 척; 자 지 도 광 광 급급 사 교 허 위 사야 비 가 이전 진 야 해
足論哉
족 론 재

◇虛辭(허사) 不實之言(불실지언). 虛言(허언). 빈말. 虛荒(허황)되고 根據(근거) 없는 말이나 글.

●戰國策楚策一; 夫從人者飾辯虛辭高主之節行言其利而不
○ 전 국 책 초 책 일; 부 종 인 자 식 변 허 사 고 주 지 절행 언기 리 이 불
言其害卒有楚禍无及爲已是故愿大王之熟計之也
언 기 해 졸 유 초화 무 급 위 이 시 고 원대 왕 지 숙계 지 야
●呂氏春秋知度; 至治之世其民不好空言虛辭不好淫學流說
○ 여 씨 춘 추 지 도; 지 치 지 세 기 민불 호 공 언 허사 부 호 음 학류 설
賢不肖各反其質行其情不雕其素蒙厚純樸以事其上若此則工
현 부 초 각 반기 질 행 기 정 부 조 기소 몽 후 순 박 이사 기 상 약차 즉 공
拙愚智勇懼可得以故易官易官則各當其任矣
졸 우 지 용 구 가 득 이고 역 관 역 관즉각 당 기 임 의

◇鬼話(귀화) 謊言(황언). 도깨비 이야기. 거짓 이야기. 허튼소리.

●西遊記第三三回; 爾這個潑魔怎麼敢來惹我爾也問問老孫
○ 서 유 기 제 삼 삼회 ; 이 저 개 발 마 즘마 감 래 야 아이 야 문 문 로 손
是幾年的人兒爾這般鬼話只好只好瞞唐僧又好來瞞我
시 기 년 적 인 아이 저 반 귀 화 지 호 지호 만당 승 우 호래 만 아

◇欺瞞(기만) **欺騙蒙混(기편몽혼). 속이다. 기만하다. 남을 그럴 듯하게 속여 넘김.**

●劉弘嫁婢第二摺; 俺又不曾道是欺瞞着天地
○ 유 홍 가 비 제 이접 ; 엄 우 부 증 도 시 기 만착 천 지
●朱子語類卷二一; 衆人只是朴實頭不欺瞞人亦謂之忠
○ 주 자 어 류 권 이일 ; 중 인 지 시 박 실 두 불 기 만인 역 위 지 충

◇欺罔(기망) **欺騙蒙蔽(기편몽폐). 誣罔(무망). 欺瞞(기만). 他人(타인)을 그럴 듯하게 속임.**

●孔氏談苑帝王儿不必會文章; 帝王家兒不必要會文章但令
○ 공 씨 담 원 제 왕 인 불 필 회문 장; 제 왕 가 아 불 필 요 회 문장 단 령
通曉經義知古今治亂他日免爲侮文弄法吏欺罔耳
통 효 경 의 지고 금 치 란 타 일 면 위모 문 롱 법 이기 망 이

●論語雍也; 子曰何爲其然也君子可遊也不可不可陷也可欺
○ 논 어 옹 야; 자 왈 하 위 기 연 야 군자 가 유야 불 가 부 가 함야 가 기
也不可罔也
야 불 가 망 야

◇驕慢(교만) **驕傲怠慢(교오태만). 젠체하고 뽐내며 방자함. 잘난 체하고 뽐내며 방자(放恣)함.**

●漢書五行志上; 劉向以爲時宋愍公驕慢睹災不改○五行志
○ 한 서 오 행 지상 ; 유 향 이 위 시 송 민 공 교 만 도재 불 개 ○ 오 행 지
中之上; 與騶奴宰人游居娛戲驕慢不敬
중 지상 ; 여 추 노 재 인 유거 오 희 교 만 불 경

●客座贅語太學；公侯子弟在太學者多驕慢不習訓詔曹國公
○ 객 좌 췌 어태 학 ; 공 후 자 제 재 태 학 자 다 교 만불 습 훈조 조 국 공
李文忠提督國子監是以國公而理太學事也
리 문 충 제 독 국자 감 시 이 국 공 이리 태 학 사 야

◇驕傲(교오)

驕敖(교오). 驕慠(교오). 驕鷔(교오). 잘난체하고 뽐내며 건방짐. 自負而輕視他人(자부이경시타인) 스스로 자기(自己)의 가치(價値), 능력(能力)을 믿고 다른 사람을 얕봄. 젠체하여 남을 업신여길 만큼 건방짐. 七罪宗(칠죄종); 本罪(본죄)의 일곱 가지 根源(근원) 중 한가지로 곧, 驕傲(교오)·간린(慳吝)·迷色(미색)·憤怒(분노)·탐도(貪饕)·嫉妬(질투)·懶怠(나태).

●楚辭離騷；保厥美以驕傲兮日康娛以淫遊(王逸注；倨簡曰
○ 초 사 리 소; 보 궐 미 이 교 오 혜 일 강 오 이음 유 (왕 일 주; 거 간 왈
驕侮慢曰傲傲一作敖)
교 모 만 왈 오 오 일작 오)
●漢書王吉傳；今使俗吏得任子弟率多驕鷔不通古今（顏師古
○ 한 서 왕 길 전; 금 사 속 리 득 임자 제 솔 다 교오 부 통 고 금 (안 사 고
注；鷔與傲同)
주 ; 오 여 오 동)

◇傲慢(오만)

驕傲怠慢(교오태만). 잘난체하고 放恣(방자)함. 傲慢(오만)함. 態度(태도)가 倨慢(거만)함.

●易林剝之离; 禮懷樂崩成子傲慢欲求致理力疲心爛陰陽不
○ 역 림 박 지 리; 예 회 악 붕 성 자 오 만 욕구 치 리 력 피 심란 음 양 부
調成子驕傲爲簡生殃
조 성 자 교 오 위간 생 앙
●抱朴子疾謬; 世故繼有禮教日頽頽敬訃莫崇傲慢成俗儔類
○ 포 박 자 질류 ; 세 고 계 유 예 교 일 퇴 퇴 경 부막 숭 오 만 성속 주 류
飮會或蹲或踞暑夏之月露首袒體
음 회 혹 준 혹 거서 하 지 월 로 수 단 체

◇倨傲(거오) **倨敖倨慠傲慢不恭(거오 거오오만불공). 거만스럽고 傲慢(오만)함. 倨慢(거만)스럽고 남을 낮추어 보는 驕慢(교만)한 態度(태도). 傲慢不遜(오만불손)하다. 건방지다.**

●漢書匈奴傳上; 中行設令單于以尺二寸牘及印對皆令廣長
○ 한 서 흉 노 전상 ; 중 행 설 령 단 우 이 척 이 촌 독급 인 대개 령 광 장
大倨驁其辭曰天地所生日月所置匈奴大單于敬問漢皇帝無恙
대 거 오기 사 왈 천 지 소 생 일 월 소치 흉 노 대 단 우경 문 한 황제 무 양
(顔師古注; 倨慢也驁與傲同)
(안 사 고 주 ; 거 만 야 오 여 오 동)
●古今小說沈小霞相會出師表; 沈鍊見嚴世蕃倨傲之狀已自
○ 고 금 소 설 심 소하 상 회 출 사 표; 심 련 견 엄 세 번 거 오지 상 기 자
九分不像意
구 분 불 상 의

◇不義(불의) **不合乎道義(불합호도의). 義理(의리), 道義(도의), 正義(정의)에 어긋나는 일. 옳지 못함. 義(의)가 아님. 男女**

(남녀)가 道義(도의)에 벗어난 關係(관계)를 맺음.

●國語周語中; 佻天不祥乘人不義不祥則天棄之不義則民叛之
○ 국 어 주 어 중; 조 천 불 상 승 인 불 의 부상 즉 천 기 지 부 의즉 민 반 지

●史記汲鄭列傳; 天子置公卿輔弼之臣寧從諛承意陷主於不義乎且已在其位縱愛身柰辱朝廷何黯多病病且滿三月上常賜告者數終不愈最後病莊助爲請告
○ 사 기 급 정 열 전; 천 자 치 공 경 보 필 지 신 녕 종유 승 의 함주 어 부 의 호 차 이 재 기 위종 애 신 내 욕조 정 하 암 다병 병 차 만 삼 월상 상 사 고 자 수 종 불 유 최 후병 장 조 위청 고

◇不德(부덕) 德(덕; 도를 행하여 체득한 품성. 즉 마음이 바르고 인도에 합당한 일)이 없음. 德(덕)이 不足(부족)함. 德(덕)이 없거나 不足(부족)함.

①不修德行(불수덕행) 어질고 너그러운 행실(行實)을 修業(수업)하지 않았음.

●書經伊訓; 爾惟不德罔大墜厥宗(孔穎達疏; 爾惟不德謂不修德爲惡也)
○ 서 경 이 윤; 이 유 부 덕 망 대추 궐 종 (공 영 달 소; 이 유 부 덕 위 불 수 덕 위 악 야)

●後漢書靈帝紀; 上軍校尉蹇碩以帝輕佻不德二舅好脩虛名無股肱之才懼不能安社稷也
○ 후 한 서 영 제기 ; 상 군 교 위 건 석 이 제 경 조 부덕 이구 호 수 허 명 무 고 굉 지 재 구 불 능안 사직 야

②不自以爲有德(불자이위유덕) 쑥

스럽게도 德(덕)이 있다 한다.

●老子道德經第三十八章; 上德不德是以有德下德不失德是
○ 노 자 도 덕 경 제 삼 십 팔장; 상 덕 부 덕 시이 유 덕 하 덕부 실 덕 시
以無德上德無爲而無以爲下德無爲而有以爲上仁爲之而無解
이 무 덕 상 덕 무 위 이무 이 위 하 덕무 위 이 유이 위 상 인 위지 이 무 해
釋翻釋
석 번 석

●韓非子解老; 德則無德不德則在有德(疏; 言唯有德君子不
○ 한 비 자 해 노; 덕 즉 무 덕 부 덕 즉 재 유 덕(소; 언 유 유 덕 군 자 부
德增以在爲衍文是)故曰上德不德是以有德所以貴無爲無思爲
덕 증 이 재 위 연문 시) 고 왈 상 덕부 덕 시 이 유 덕소 이 귀무 위 무 사 위
虛者謂其意無所制也
허 자 위 기 의무 소 제 야

③不施恩德(불시은덕) 은혜(恩惠)와 德(덕)을 잊어버리지 않는다.

●春秋左傳文公十七年; 德則其人也不德則其鹿也鋌而走險
○ 춘 추 좌 전 문 공십 칠 년; 덕 즉 기 인 야 부 덕즉 기 록 야 정이 주 험
急何能擇命之罔極亦知亡矣
급 하 능 택 명 지 망 극역 지망 의

◇不儀(불의) 不善(불선). 착하지 않음. 惡(악)함.

●管子侈靡; 不儀之毋助(尹知章注; 儀善也彼爲不善毋得助
○ 관 자 치 미; 불 의 지 무 조(윤 지 장 주; 의 선 야 피 위 불 선 무득 조
佐之也)章明之毋滅生榮之毋失十言者不勝此雖凶必吉
좌 지 야) 장 명 지 무 멸 생형 지 무 실 십 언 자불 승 차 수 흉 필 길

◇毒舌(독설) 有毒的舌貫(유독적설관). 惡毒(악독)하게 혀를 놀려 타인을 해치는 말.

●月蝕詩; 行赤口毒舌毒蟲頭上喫卻月喻說話刻毒
○ 월 식 시; 행 적 구 독 설 독 충두 상 끽 각 월 유설 화 각 독

◇假飾(가식)
猶裝飾(유장식). 말이나 행동을 거짓으로 꾸밈. 속마음과 달리 言行(언행)을 거짓으로 꾸밈.

●相風賦; 爰在保章世序其職辯風候方必立准極循物致用器
○ 상 풍 부 ; 원 재 보 장 세 서 기 직 변풍 후 방 필 립 준극 순 물 치 용 기
不假飾眇脩幹之迢迢凌高墉而莖植玄鳥偏其增翥晞雲霄而矯
부 가 식 묘 수 간 지초 초 릉 고 용 이 경식 현 조 편 기 증저 희 운 소 이 교
翼
익

●白鳥賦; 謝先客而特遠郤假飾而全眞
○ 백 조 부; 사 선 객 이 특 원 극 가 식 이 전 진

◇陰凶(음흉)
겉으로는 부드러워 보이나 속으로는 엉큼하고 凶惡(흉악)함. 음휼(陰譎). 마음이 음침(陰沈)하고 흉악(凶惡)함.

◇陰害(음해)
暗中陷害(암중함해). 넌지시 타인을 해롭게 함. 몸을 드러내지 아니한 채 陰凶(음흉)한 방법으로 남에게 害(해)를 가함.

●後漢書皇甫規傳; 今臣還督本土糾擧諸郡絕交離親戮辱舊
○ 후 한 서 황 보규 전 ; 금 신 환 독 본 토 규거 제 군 절 교 리친 륙 욕 구

故髗謗陰害固其宜也臣雖污穢廉絜無聞今見覆沒恥痛實深傳
고 휴 방 음 해 고기 의야 신 수 오 예 렴 혈 무 문 금 견 복몰치 통 실 심 전
稱鹿死不擇音謹冒昧略上
칭 록 사 부 택 음 근모 매 략 상
●嘯亭雜錄朱檢討上書事; 廉親王允祀覬覦其位揆敘王鴻緖
○ 소 정 잡 록 주 검 토상 서 사; 렴 친 왕 윤 사 기 유 기 위 규서 왕 홍 서
復左右之欲陰害理密親王
복 좌 우 지 욕 음 해 리밀 친왕

◇野合(야합) 좋지 못한 목적 밑에 서로 어울림.

●大唐西域記烏仗那國; 烏仗那國鉢露羅國呾叉始羅國僧訶補
○ 대 당 서 역 기조 장 나 국; 조 장 나 국 발 로 라 국 달 차시 라 국 승가 보
羅國烏剌尸國迦溼彌羅國半笯蹉國曷羅闍…遂款殷勤凌逼野
라 국 오 랄 시 국 가습 미 라 국 반 노 차국 갈 라 도… 수 관 은 근능 핍 야
合
합

◇表裏不同(표리부동) 마음이 음충맞아서 겉과 속이 다름.

①表面和內部(표면화내부) 內外(내외). 겉과 속을 짓 이기다.

●管子心術下; 是故內聚以爲泉原泉之不竭表裏遂通泉之不
○ 관 자 심 술 하; 시 고 내 취 이 위 천 원 천 지부 갈 표 리 수통 천 지 불
涸四支堅固能令用之被服四固
후 사 지 견 고 능 령 용지 피복 사 고
●淮南子繆稱訓; 道至高無上至深無下平乎準直乎繩圓乎規
○ 회 남 자 무 칭훈 ; 도 지 고 무 상 지 심무 하 평 호 준직 호승 원 호 규
方乎矩包裹宇宙而無表裏洞同覆載而無所礙是故體道者不哀
방 호 구 포 과 우 주이 무 표 리 동 동복 재 이 무 소애 시 고 체 도자 부 애

不樂不喜不怒其坐無慮其寢無夢物來而名事來而應
부 악 부 희 부 노기 좌 무 려 기침 무 몽 물 래 이 명사 래 이 응

②不同(부동) **不相同(불상동). 서로 같지않고 다름.**

●文心雕龍定勢; 所習不同所務各異言勢殊也(劉楨云; 文之
○ 문 심 조 룡 정세 ; 소 습 부 동 소 무 각 이 언세 수 야 (유 정 운 ; 문 지
體勢有强弱使其辭已盡而勢有…本篇所講的勢)
체 세 유 강 약 사기 사 이 진 이 세 유… 본 편 소강 적 세)

◇卑怯(비겁) **卑下怯懦(비하겁나). 하는 짓이 正當(정당)하지 못하고 野卑(야비)함. 卑劣(비열)하고 겁이 많음. 사람됨이 壅拙(옹졸)하고 겁이 많음.**

●華蓋集北京通信; 意圖生存而太卑怯結果就得死亡以中國
○ 화 개 집 북경 통 신; 의 도 생 존 이 태 비 겁결 과 취 득 사망 이 중 국
古訓中教人苟活的格言如此之多而中國人偏多死亡外族偏多
고 훈 중 교 인구 활 적격 언 여 차 지 다 이 중 국 인 편다 사 망 외족 편 다
侵入結果适得其反可見我們蔑棄古訓是刻不容緩的了
침 입 결 과 괄 득 기반 가 견 아 문 멸기 고 훈 시 각부 용완 적 료

●火把火的出發詩; 讓卑怯的靈魂腐朽的靈魂發抖在我們火
○ 화 파 화 적출 발 시 ; 양 비 겁 적 영 혼부 후 적 영 혼 발두 재 아 문 화
把的前面
파 적 전 면

◇小人輩(소인배) **人格鄙陋人(인격비루인). 奸詐(간사)하고 所見(소견)이 좁은 무리. 奸邪(간사)하고 度量(도량)이 좁은 사람이나 그 무리.**

●書經大禹謨; 君子在野小人在位民棄不保天降之咎肆予以
○ 서 경 대 우모 ; 군 자 재 야 소 인 재 위 민 기 부보 천 강 지구 사 여 이
爾衆士奉辭伐罪爾尙一乃心力其克有勳
이 중 사 봉 사 벌 죄 이상 일내 심 력 기 극 유 훈
●三國志蜀志諸葛亮傳; 親賢臣遠小人此先漢所以興隆也親
○ 삼 국 치 촉 지제 갈 량 전; 친 현 신 원 소 인 차 선 한 소 이흥 륭 야 친
小人遠賢臣此後漢所以傾類也
소 인 원 현 신 차후 한 소 이경 류 야

◇賤人(천인) 身分(신분)이 賤(천)한 사람.(신분 · 지위)가 미천한 사람.

①輕視人(경시인) 깔볼 사람. 얕보는 사람.

●晏子春秋諫下二; 鄰國聞之皆謂吾君愛樹而賤人其可乎願
○ 안 자 춘 추간 하 이 ; 인 국 문 지 개 위 오 군애 수 이 천 인기 가 호 원
相國…景公逐得斬竹者囚之晏子諫第三景公樹竹令吏謹守之
상 국 …경 공 축 득 참 죽자 수 지 안 자 간 제 삼 경 공수 죽 령 리근 수 지

②地位底下人(지위저하인) 個人(개인)이 차지하는 社會的(사회적) 位置(위치)에서 身分(신분)이 낮은 사람.

●禮記曲禮上; 君命召雖賤人大夫士必自御之
○ 예 기 곡례 상 ; 군 명 소 수 천 인 대 부 사 필자 어 지
●儒林外史第二四回; 說道這是朝廷頒與老爷們的俸銀小的
○ 유 람 외 사 제이 사 회 ; 설 도 저 시 조 정 반여 로 야 문 적 봉은 소 적
乃是賤人怎敢用朝廷的銀子
내 시 천 인 즘 감 용 조정 적은 자

◇發惡(발악) 産生惡感發怒(산생악감

발노). 前後(전후)를 헤아리지 않고 모진 소리나 짓거리를 함. 모질게 기를 씀. 온갖 짓을 다 하며 마구 악을 씀.

●高齊漫錄; 章公惇羅相俄落職林公希為舍人當制制詞云悻
○ 고 제 만 록; 장 공 돈 라 상아 락 직 림 공 희 위사 인 당 제 제사 운 행
悻無大臣之節怏怏非少主之臣
행 무 대 신 지 절 앙 앙비 소주 지 신

●醒世恒言陳多壽生死夫妻; 下棋的最怕旁人觀看常言道傍
○ 성 세 항 언 진 다 수생 사 부 처; 하 기 적 최 파방 인 관 간상 언 도 방
觀者淸當局者迷徜或傍觀的口嘴不緊遇煞着處溜出半句話來
관 자 청 당 국 자 미 상혹 방관 적 구 취 불 긴 우살 착 처 류 출 반구 화 래
贏者反輸輸者反贏欲待發惡不爲大事浴待不抱怨又忍氣不過
영 자 반 수수 자 반 영 욕 대 발악 부 위 대 사 욕 대불 포원 우 인 기 불 과

◇暴言(폭언) 淺露言語(천로언어). 亂暴(난폭)하게 하는 소인의 말. 난폭하게 말함. 또는 그런 말.

●白雨齊詞語卷六; 陸種園滿江紅贈王正子云同是客君尤苦
○ 백 우 제 사오 권 육 ; 육 종 원 만 강 홍 증 왕 정자 운 동 시객 군 우 고
兩人恨凭誰訴看囊中罄矣…脫敝裘付與酒家娘摇頭去暴言竭
양 인 한 빙 수 소 간 낭중 경의… 탈 폐 구 부 여 주 가 낭 요 두 거 폭 언 갈
辞何无含蓄
사 하 무 함 축

◇有勸無罪無勸有罪(유권무죄무권유죄) 無錢有罪有錢無罪(무전유죄유전무죄)라면 世末(세말)의 世上(세상).

◇只許州官放火(지허주관방화)

不許百姓点灯(부허백성점정). 백성들이 등불을 켜는 것을 허락하지 않음.

●紅樓夢曹雪芹古樂; 得幾日知道還能見他一面兩面不能了
○ 홍 루 몽 조 설 근 고 악; 득 기 일 지 도 환 능견 타 일 면 량 면부 능 료
說著又越發傷心起來襲人笑道可是爾只許州官放火不許百姓
설 저 우 월 발 상심 기 래 습 인 소 도 가시 니 지 허주 관 방 화 부 허 백성
點燈我們偶然說一句略妨礙些的話就說是不利之談爾如今好
점 등 아 문 우 연 설 일구 략 방 애 사 적화 취 설 시 부리 지 담 니여 금 호
好
호

◇ 我是他非(아시타비) 내로남불.

~내가 하면 로맨스, 남이 하면 불륜~이라는 의미로, 남이 할 때는 비난하던 행위를 자신이 할 때는 합리화시키려는 태도.

◈正(정) 堂中(당중). 直(직). 端正(단정). 正直(정직). 公正合理(공정합리). 標準(표준). 准則(준칙). 合乎法度(합호법도). 整齊(정제). 正正(정정). 純一不雜(순일불잡). 正當(정당). 바르다. 正當(정당)하다, 바람직하다. 올바르다. 正直(정직)하다. 바로잡다.

◇良人(양인) 善良(선량)한 사람. 착한 사람. 선량(善良)한 백성(百姓).

①賢者(현자) 善良人(선량인). 어질고 聰明(총명)하여 聖人(성인)의 다음가는 사람. 德行(덕행)이 있는 사람.

●詩經大雅桑柔; 大風有隧有空大谷維此良人作爲式作爲式
○ 시 경 대 아상 유 ; 대 풍 유 수 유 공 대 곡 유차 양 인 작 위식 작 위 식
穀維彼不順征以中垢(註; 維此良人君子人也)
곡 유 피 부 순 정이 중 구(주 ; 유 차 양 인 군 자 인 야)

●庄子田子方; 昔者寡人夢見良人(疏; 我唯夢見賢良之人)
○ 장 자 전 자 방; 석 자 과 인 몽 견 양 인 (소 ; 아 유 몽 견 현 양지 인)

②百姓(백성) 一般(일반) 國民(국민). 官職(관직)이 없는 사람들. 平民(평민).

●後漢書酷吏傳董宣; 陛下聖德中興而縱奴殺良人將何以理
○ 후 한 서 혹 리전 동 선 ; 폐 하 성 덕 중 흥 이종 노 살 양 인장 하 이 리
天下乎臣不須箠請得自殺卽以頭擊楹流血被面
천 하 호 신 불 수추 청 득 자 살 즉 이두 격 영 류 혈피 면

●續資治通鑑宋高宗紹興三年; 金主詔曰諸良人知情嫁奴者
○ 속 자 치 통 감 송 고 종소 흥 삼 년; 김 주 소 왈 제 양 인지 정 가 노 자
聽如故爲妻其不知而嫁者去住悉從所欲
청 여 고 위 처 기 불지 이 가 자거 주 실 종 소 욕

◇良心(양심) 道德的(도덕적)인 價値(가치)를 判斷(판단)하여 옳고 그름, 善(선)과 惡(악)을 깨달아 바르게 행하려는 意識(의식). 사람으로서 마땅히 가져야 할 바르

고 착한 마음. 自己(자기)의 行爲(행위)에 對(대)하여 옳고 그름, 善惡(선악)을 判斷(판단)하고 命令(명령)하는 道德(도덕) 意識(의식).

①善良心性(선량심성) 본디부터 타고난 착하고 어진 마음씨. 變(변)하지 않는 착하고 어짐. 참된 마음.

●孟子告子上; 雖存乎人者豈無仁義之心哉其所以放其良心
○ 맹 자 고자 상 ; 수 존 호 인 자 기 무 인 의 지심 재 기 소 이방 기 량 심
者亦猶斧斤之於木也旦旦而伐之可以爲美乎(朱熹註; 良心者
자 역 유 부 근 지어 목 야 단 단 이 벌지 가 이 위 미호 (주 희 주 ; 양 심 자
本然之善心卽所謂仁義之心也平旦之氣謂未與物接之時淸明
본 연 지 선 심 즉 소 위 인의 지 심 야평 단 지 기위 미 여 물 접 지시 청 명
之氣也好惡與人相近言得人心之所同然也
지 기 야 호 악 여 인상 근 언 득 인심 지 소 동연 야

●困學紀聞考史; 僕固懷恩叛唐李日月爲朱泚將而其母皆知
○ 곤 학 기 문고 사 ; 복 고 회 은 반 당 이 일 월위 주 자 장 이기 모 개 지
逆順之理良心不可泯也
역 순 지 리 량 심 부가 민 야

②好心(호심) 善意(선의). 好意(호의). 친절한 마음.

●西遊記第五八回; 大聖本是良心沙僧却有疑意眞個二人同
○ 서 유 기 제오 팔 회 ; 대 성 본 시 양 심 사 승 각 유의 의 진개 이 인 동
駕雲而去
가 운 이 거

◇正道(정도) 옳고 바른 길. 정당한

道理(도리). 사람이 행(行)해야 할 바른 길.

①道理準則(도리준칙) 사람이 마땅히 行(행)해야 할 바른 길을 標準(표준)으로 삼아서 따라야 할 規則(규칙). 事物(사물)의 正當(정당)한 理致(이치)로서 이를 標準(표준)으로 삼아서 따라야 할 規則(규칙). 理(이), 方道(방도)와 事理(사리).

●管子立政; 正道捐棄而邪事日長三本者審則便辟無威於國
○ 관 자 립 정; 정 도 연 기 이 사사 일 장 삼 본 자심 즉 변 피 무위 어 국
朝不合衆則便辟無威於國道塗無行禽疏遠無蔽獄孤寡無隱治
조 불 합 중 즉 편 피 무위 어 국 도 도무 행 금 소 원 무폐 옥 고 과무 은 치
●禮記燕義; 上必明正道以道民民道之而有功然後取其什一
○ 예 기 연 의; 상 필 명 정 도이 도 민 민 도 지이 유 공 연 후 취기 십 일
故上用足而下不匱也是以上下和親而不相怨也
고 상 용 족이 하 부 궤 야 시이 상 하 화 친 이 불상 원 야

②正路(정로) 정도(正道). 바른길. 出處(출처)가 정확한 것. 본바닥의 것.

●史記貨殖列傳; 夫纖嗇筋力治生之正道也而富者必用奇勝
○ 사 기 화 식열 전 ; 부 섬 색 근 력 치 생 지 정 도야 이 부 자 필용 기 승
田農掘業而秦揚以蓋一州掘冢姦事也而田叔以起博戲惡業也
전 농 굴 업 이 진양 이 개 일 주 굴 총간 사 야 이 전숙 이 기 박 희악 업 야
而桓發用之富行賈丈夫賤行也
이 환 발 용 지 부 행가 장 부 천 행 야

③正常(정상) 特別(특별)한 變動(변동)이 없이 제대로인 狀態(상태).

●農村奇事; 這驢沒有什幺毛病不是中結也不是水結舌頭的
○ 농 촌 기 사; 저 려 몰 유 십 요 모 병불 시 중 결야 불 시 수결 설 두 적

色氣也正道
색 기 야 정 도

◇正義(정의) 眞理(진리)에 맞는 올바른 道理(도리). 바른 의리(義理). 정의로운. 공정한.

①公正正當的道理(공정정당적도리) 공평(公平)하고 올바름. 이치에 맞아 올바르고 마땅한 사람이 마땅히 행(行)해야 할 바른 길.

●史記遊俠列傳; 今游俠其行雖不軌於正義然其言必信其行
○ 사 기 유 협열 전 ; 금 유 협 기 행 수 불 궤 어 정 의연 기 언 필신 기 행
必果已諾必誠不爱其軀赴士之阨困既已存亡死生矣而不矜其
필 과 이 낙 필 성 부 애기 구 부 사 지액 곤 기 이 존망 사 생 의 이부 긍 기
能羞伐其德蓋亦有足多者焉且緩急人之所時有也
능 수 벌 기 덕 개 역 유족 다 자 언 차 완급 인 지 소시 유 야
●韓詩外傳卷五; 耳不聞學行無正義行无正義迷迷然以富利
○ 한 시 외 전권 오 ; 이 불 문 학 행 무 정 의 행 무정 의 미 미 연 이 부 리
爲隆是俗人耳朵不听正理行爲不合正義迷迷糊糊地崇尚財富
위 륭 시 속 인 이타 부 은 정리 행 위 부 합 정 의 미 미호 호 지 숭상 재 부
這是俗人
저 시 속 인

②公道正直正确合理(공도정직정확합리) 거짓이나 꾸밈이 없이 性品(성품)이 바르고 곧고 公平(공평)하고 올바른 道理(도리).

●潛夫論潛嘆; 是以范武歸晉而國姦逃華元反朝而魚氏亡故
○ 잠 부 론 잠 탄; 시 이 범 무 귀 진 이 국 간 도 화 원반 조 이 어씨 망 고
正義之士與邪枉之人不兩立之
정 의 지 사 여사 왕 지 인 불양 립 지

③本來意義(본래의의) 본디의 意味(의미). 본디의 뜻. 본디의 價値(가치). 본디의 重要(중요)한 程度(정도). 본디의 어떤 말, 일, 行爲(행위) 等(등)이 現實(현실)의 具體的(구체적) 聯關(연관)에 있어 가지는 價値(가치) 內容(내용).

●三家詩拾遺韓詩; 齊詩匡衡一疏似與魯說不同而詩之正義
○ 삼 가 시 습 유한 시 ; 제 시 광 형 일 소 사여 로 설 부 동 이 시지 정 의
亦未明辨以晳
역 미 명 변이 석
●疾華鬘題記; 出離界城內外洞然智者所見蓋不惟佛說正義
○ 질 화 만 제가 ; 출 리 계 성 내 외 동 연 지 자 소 견개 불 유불 설 정 의
而已矣
이 이 의

◇正意(정의) 바른 意志(의지). 바른 뜻. 올바른 생각.

①純正的心志(순정적심지) 純眞(순진)하고 正直(정직)한 마음에 품은 뜻. 조금도 다른 것의 섞임이 없는 마음에 품은 순수한 뜻.

●風俗通聲音琴; 夫以正雅之聲動感正意故善心勝邪惡禁是
○ 풍 속 통 성 음금 ; 부 이 정 아 지 성 동 감정 의 고 선 심 승사 악 금 시

以古之圣人君子愼所以自感因邪禁之适故近之閑居則爲从容
이 고 지 골 인 군 자신 소 이 자 감 인사 금 지 괄 고 근 지한 거 즉위 종 용
以致思焉如有所穷困其道閉塞
이 치 사 언 여 유소 궁 곤 기 도폐 새

②原意本意(원의본의) 본디의 생각. 原義(원의).

●答黃直卿書; 爲學直是先要立本文義却可且與說出正意令其寬心玩味未可便令考校同异研究纤密恐其意思促迫難得長進
○ 답 황 직 경 서; 위 학 직 시 선 요 립 본 문 의 각가 차 여설 출 정 의 령 기 관 심 완 미 미 가 편령 고 교 동이 연 구 섬 밀 공기 의 사 촉 박난 득 장 진

●劉弘嫁碑第一折; 王秀才近前來我問爾我當初開這解典庫我正意是怎生來
○ 유 홍 가 비제 일 절 ; 왕 수 재 근 전 래 아 문 니아 당 초개 저 해 전 고 아 정 의 시 즘생 래

③主要的意思(주요적의사) 가장 所重(소중)하고 緊要(긴요)하게 마음 먹은 생각.

●四書評孟子告子上; 正意盡見于客故到主處不費一毫氣力而道理躍然
○ 사 서 평 맹 자고 자 상 ; 정 의 진 견 우 객 고 도주 처 불 비 일 호기 력 이 도 리 약 연

◇正理(정리) 올바른 道理(도리). 올바른 理致(이치).

●韓非子奸劫弑臣; 若以道化行正理不趨富貴事上耳求安是
○ 한 비 자 간 겁시 신 ; 약 이 도 화 행 정 리 불추 부 귀 사 상 이구 안 시

猶聾而欲審淸濁之聲愈不幾矣
유 롱 이 욕 심 청 탁 지성 유 불기의
●紅樓夢第四九回; 寶玉笑道這倒不妨原該多疼女孩兒些是
○ 홍 루 몽 제 사구 회 ; 보 옥 소 도 저 도 불 방 원해 다 동 녀해 아 사 시
正理明儿十六咱們可該起社了
정 리 명 인 십 륙 찰 문가 해기 사 료

◇正法(정법) 옳고 바른 法則(법칙). 法(법)의 理念(이념)에 비추어 客觀的(객관적) 正當性(정당성)을 갖는다고 認定(인정)된 法(법).

①正治法度(정치법도) 病症(병증)의 性質(성질)과 相伴(상반)하는 藥(약)으로 病(병)을 治療(치료)하는 方法(방법)과 法度(법도).

●商君書更法; 慮世事之變討正法之本求使民之道君曰代立
○ 상 군 서 경법 ; 려 세 사 지 변 토 정 법 지 본 구사 민 지 도 군왈 대 립
不忘社稷君之道也錯法務明主長臣之行也
부 망 사 직 군 지 도야 착 법무 명 주 장 신 지행 야
●後漢書馬援列傳; 好論議人長短妄是非正法(李賢注; 謂譏
○ 후 한 서 마 원열 전 ; 호 론 의 인 장 단 망 시 비정 법 (이 현 주 ; 위 기
刺時正也)此吾所大惡也寧死不願聞子孫有此行也汝曹知吾惡
자 시 정 야) 차 오소 대 악야 녕사 부원 문 자손 유차 행야 여조 지오악
之甚矣所以復言者施衿結褵申父母之戒欲使汝曹不忘之
지 심 의 소이 복 언자 시 금결 리 신부 모 지계 욕사 여 조부 망 지
耳
이

②公正法度(공정법도) 公平(공평)하

고 올바른 法律(법률)과 制度(제도).

●管子版法; 正法直度罪殺不赦殺僇必信民畏而懼武威旣明
○ 관 자 판 법; 정 법 직 도 죄 살불 사 살 륙 필 신 민외 이 구 무위 기 명
令不再行頓卒怠倦以辱之罰罪宥過以懲之殺僇犯禁以振之
령 부 재 행 돈 졸태 권 이 욕지 벌 죄 유 과 이 징지 살 륙 범 금 이진 지

●程史獻陵疏文; 護持正法隆世祖中興之功摧伏諸魔雪懷王
○ 정 사 헌 릉 소 문; 호 지 정 법 륭 세 조 중 흥 지공 최 복 제마 설 회 왕
不返之怨
불 반 지 원

③正當法則(정당법칙) 理致(이치)에 맞아 올바르고 마땅한 法式(법식)과 規則(규칙).

●漢書公孫劉田等傳贊; 桑大夫據當世合時變上權利之略雖
○ 한 서 공 손 유 전등 전 찬; 상 대 부 거 당 세 합 시 변 상 권 리지 략 수
非正法鉅儒宿學不能自解博物通達之士也
비 정 법 거 유 숙학 부 능 자 해 박 물통 달 지 사 야

●隋書經籍志二; 學者因之以爲春秋則古史記之正法有所著
○ 수 서 경 적 지 이; 학 자 인 지 이 위 춘 추 즉 고사 기 지 정 법 유소 저
述多依春秋之體今依其世代編而敍之以見作者之別謂之古史
술 다 의 춘 추 지 체금 의 기 세 대 편이 서 지 이 견작 자 지 별 위지 고 사

◇正治(정치) 治理整治(치리정치). 바르게 다스림. 逆治法(역치법)의 다른 이름. 올바로 治療(치료)함.

●周禮地官鄉師; 大軍旅會同正治其徒役輂輦戮其犯命者
○ 주 례 지 관 향 사; 대 군 여 회 동 정 치 기 도 역 국 련 륙 기 범 명 자
謂徒役之中有犯教命者亦鄉師刑戮之
위 도 역 지 중 유범 교 명 자 역 향사 형 륙 지

●史記天官書; 故候息秏者入國邑視封視封疆田疇之正治城
○ 사 기 천 관서 ; 고 후 식 모 자 입 국 읍 시 봉시 봉 강 전 주 지정 치 성

郭室屋門戶之潤澤次至車服畜產精華實息者吉虛耗者凶
곽 실 옥 문 호지 윤 택 차 지 차 복 축산 정 화 실식 자 길 허 모 자 흉

◇正直(정직) 거짓이나 허식 없이 곧고 올바른 마음. 거짓이나 꾸밈이 없이 性品(성품)이 바르고 곧음.

①公正無私(공정무사) 公正(공정)하고 私心(사심)이 없음을 이르는 말.

●書經洪範; 無反無側王道正直(蔡沈集傳; 側不正也正直不
○ 서 경 홍 범; 무 반 무 측 왕 도정 직 (채 심 집 전; 측 부 정 야 정 직 불
偏邪也歸其極也)會其有極歸其有極
편 사 야 귀 기 극 야) 회 기 유극 귀 기유 극
●韓詩外傳卷七; 正直者順道而行順理而言公平無私不爲安
○ 한 시 외 전 권칠 ; 정 직 자 순 도 이 행 순 리이 언 공 평 무사 불 위 안
肆志不爲危激行
사 지 불 위 위격 행

②不偏斜不彎曲(불편사불만곡) 당치 않은 것을 들추어내어 말썽을 부림을 비유적으로 이르는 말이 아니라면 말이 활처럼 휘우듬하게 굽어지지 않는다.

●輿纖詩; 不爲絲繩留正直此身誰到萬峰頭
○ 여 섬 시; 불 위 사 승 류 정 직차 신 수 도 만 봉 두
●耶蘇之死; 彎彎曲曲的地方要改爲正直高高低低的道路要
○ 야 소 지 사; 만 만 곡 곡 적 지 방요 개 위 정 직고 고 저 저 적도 로 요
改爲平坦
개 위 평 탄

◇淸廉(청렴) 성품이 高潔(고결)하고

貪慾(탐욕)이 없음. 性品(성품)이 깨끗함.

●莊子說劍; 諸侯之劒以知勇士爲鋒以淸廉士爲鍔以賢良士
○ 장 자 설 검; 제 후 지 검 이 지 용사 위 봉 이 청 렴사 위 악이 현 량 사
爲脊以忠聖士爲鐔以豪杰士爲夾
위 척 이 충 성 사 위 심이 호걸 사 위 협

●東觀漢記周澤傳; 拜太常果敢直言數有據爭朝廷嘉其淸廉
○ 동 관 한 기 주택 전 ; 배 태 상 과 감 직 언 수 유거 쟁 조 정 가기 청 렴

◇潔白(결백) 品行淸白純正(품행청백순정). 결백하다. 순결하다. 地租(지조)를 더럽힘이 없이 깨끗함. 욕심(慾心)이 적고 마음이 맑음.

●呂氏春秋審分; 譽以高賢而充以卑下(充實)贊以潔白而隨
○ 여 씨 춘 추 심분 ; 예 이 고 현 이 충 이 비 하 (충 실)찬 이 결 백 이 수
以汙德任以公法而處以貪枉用以勇敢而堙以罷怯
이 오 덕 임 이 공 법 이처 이 탐 왕 용 이용 감 이 인이 파 겁

●潛夫論實貢; 夫修身愼行敦方正直淸廉潔白恬淡無爲化之
○ 잠 부 론 실 공; 부 수 신 신 행 돈 방 정 직청 렴 결 백 념 담무 위 화 지
本也
본 야

◇謙遜(겸손) 他人(타인)을 높이고 자신을 낮추는 태도. 남을 대할 때에 倨慢(거만)하지 않고 恭遜(공손)한 態度(태도)로 제 몸을 낮춤.

●列女傳齊相御妻; 齊相御妻齊相晏子僕御之妻也號曰命婦
○ 열 녀 전 제 상어 처 ; 제 상 어 처 제 상 안 자복 어 지 처 야 호 왈 명부
晏子將出命婦窺其夫爲相御擁大蓋策駟馬意氣洋洋甚自得也
안 자 장 출 명 부 규기 부 위 상 어 옹대 개 책 사 마 의기 양 양 심자 득 야

既歸其妻…于是其夫乃深自責學道謙遜常若不足
기 귀 기 처… 우 시 기 부 내 심 자책 학 도 겸 손상 약 부 족
●四世同堂四二; 按道理說他比瑞宣長一輩可是他向來謙遜
○ 사 세 동 당사 이 ; 안 도 리 설 타 비 서 선 장 일 배가 시 타향 래 겸 손
所以客氣的叫瑞宣兄
소 이 객 기 적규 서 선 형

◇謙讓(겸양) 謙虛退讓(겸허퇴양). 謙遜(겸손)한 태도로 辭讓(사양)함.

●史記淮陽侯列傳論; 假令韓信學道謙讓不伐己功不矜其能
○ 사 기 회 양 후 열전 론 ; 가 령 한 신 학 도 겸 양 부벌 기 공 부긍 기 능
則庶幾哉於漢家勳可以比周召太公之徒後世血食矣
즉 서 기 재 어 한 가 훈가 이 비 주 소태 공 지 도 후세 혈 식 의
●燕山野話爲什麼會吵嘴; 我們中國人歷代相傳都以謙讓爲
○ 연 산 야 화 위 십마 회 초 취; 아 문 중 국 인력 대 상 전 도이 겸 양 위
美德
미 덕
●菜根譚; 就是通常所說的謙讓美德適當的謙讓不僅不會招
○ 채 근 담 ; 취 시 통 상 소 설적 겸양 미 덕 적 당 적겸 양 부 근부 회 초
致危險反而是尋
치 위 험 반 이 시 심

◇謙虛(겸허) 虛心(허심). 謙遜(겸손)하여 잘난체하지 않음. 自己(자기)의 無力(무력)과 罪業(죄업)에 對(대)한 深刻(심각)한 自覺(자각)에서 우러나오는, 神(신)의 意思(의사)에 어디까지나 順從(순종)하려는 마음. 스스로 自身(자신)을 낮추고 비우는 태도가 있음.

●詩經小雅角弓; 莫肯下遺(鄭玄箋; 今王不以善政啓小人之
○ 시 경 소 아각 궁 ; 막 긍 하 유 (정 현 전 ; 금 왕 불 이 선 정 계소 인 지
心則無肯謙虛以禮相卑下先人后己用此居處斂其驕慢之過者
심 즉 무 긍 겸 허 이 례 상 비하 선 인후 기 용 차거 처 렴 기 교 만지 과 자
●龍川別志卷上; 上以謙虛爲賢下以傲誕爲高於是私說遂胜
○ 용 천 별 지권 상 ; 상 이 겸 허 위 현 하 이오 탄 위 고 어시 사 설 수 성
而朝廷輕矣
이 조 정 경 의

◇讓步(양보) 어떤 것을 辭讓(사양)하여 他人(타인)에게 미루어 줌. (남에게 좌석(座席)이나 길이나 물건(物件) 따위를 사양(辭讓)하여 물러나는 것. 자기(自己)의 주장(主張)을 굽혀 남의 의견(意見)을 좇는 것. 남을 위(爲)하여 자신(自身)의 이익(利益)을 희생(犧牲)하는 것.

●漁火; 殷汝耕不敢惹惱姚六合只得讓步
○ 어 화 ; 은 여 경 불 감 야 뇌 요육 합 지 득양 보

◈順(순) 順(순)하다. 柔順(유순)하다. 좇다. (도리에)따르다. 順應(순응)하다. 거스르지 않다.

◇善良(선량) 和善心地好(화선심지호). 착하고 어짊. 착하다. 어질다.

●禮記學記; 發慮憲求善良足以謏聞不足以動衆(孔穎達疏;
○ 예 기 학 기; 발 려 헌 구 선 량 족 이 소 문 부 족이 동 중(공 영 달 소 ;

良亦善也又能招求善良之士)就賢體遠足以動衆未足以化民君
양 역 선 야 우 능 초구 선 량지 사) 취 현 체 원 족 이 동 중 미족 이 화민 군
子如欲化民成俗其必由學乎
자 여 욕 화 민 성 속기 필 유 학 호
●醒世恒言大樹坡義虎送親; 原來這稍公名叫做張稍不是個
○ 성 세 항 언 대 수 파 의호 송 친; 원 래 저 초 공 명 규 주 장 초부 시 개
善良之輩慣在河路內做些淘摸生意的
선 량 지 배 관 재 하로 내 주사 도 모 생 의 적

◇溫順(온순) **溫和順從(온화순종). 성질과 마음씨가 온화하고 양순함. 고분고분하고 양순(良順)함.**

●後漢書宋弘傳; 弘少而溫順哀平閒作侍中王莽時爲共公工
○ 후 한 서 송홍 전 ; 홍 소 이 온 순 애 평 한 작시 중 왕 망 시 위공 공 공
赤眉入長安遣使徵弘逼迫不得已行至渭橋自投於水家人救得
적 미 입 장 안 견 사 징홍 핍박 부 득 이 행 지 위 교자 투 어 수가 인 구 득
出因佯死獲免
출 인 양 사 획 면

◇溫語(온어) **溫和的話語(온화적화어). 溫和(온화)하고 상냥한 말. 온화(溫和)한 말씨. 부드러운 말씨.**

●明史秦金傳; 比內閣擬旨輒中改至疏請徒答溫語此任賢不
○ 명 사 진 금 전; 비 내 각 의 지 첩 중 개 지 소 청 도답 온 어 차 임현 부
能如初也
능 여 초 야

◇溫柔(온유) **溫和柔順(온화유순). 性品(성품)이 溫和(온화)하고 柔順(유순)함.**

부드럽고 순하다. 따뜻하고 상냥하다. 마음이 부드럽고 행동이 친절함.

●管子弟子職; 見善從之聞義則服溫柔孝悌毋驕恃力赤毋虛
○ 관 자 제 자 직; 견 선 종 지 문 의즉 복 온 유 효제 무 교 시 력 적무 허
邪行必正直游居有常必就有德顔色整齊中心必式
사 행 필 정 직 유 거 유상 필취 유 덕 안 색 정 제중 심 필 식

●水滸傳第二一回; 稱不合是個男子漢只得裝些溫柔說些風
○ 수 허 전 제 이 일 회; 칭 불 합 시 개 남 자 한 지득 장 사 온 유설 사 풍
話兒要
화 아 사

◇溫良(온량) **溫和善良(온화선량). 溫順(온순)하고 仁慈(인자)하며 착하고 어짊. 性品(성품)이 溫和(온화)하고 순량함. (성격이) 따뜻하고 善良(선량)하다. 性品(성품)이 溫和(온화)하고 무던하다.**

●管子形勢; 人主者溫良寬厚則民愛之整齊嚴庄則民畏之故
○ 관 자 형 세; 인 주 자 온 량 관 후 즉 민 애 지 정제 엄 장 즉 민 외지 고
民爱之則親親畏之則用夫民親而爲用主之所急也故曰且怀且
민 애 지 즉 친 친 외지 즉 용 부 민 친 이위 용 주 지소 급 야 고 왈 차부 차
威則君道備矣
위 즉 군 도 비 의

●漢書匡衡傳; 宜遂減宮室之度省靡麗之飾考制度修外內近
○ 한 서 광 형 전; 의 수 감 궁 실지 도 성 미 려 지 식고 제 도 수외 내 근
忠正遠巧佞放鄭衛進雅
충 정 원 교 녕 방 정 위진 아
頌擧異材開直言任溫良之人退刻薄之吏顯絜白之士昭無欲之
송 거 이 재 개 직 언 임온 량 지 인 퇴 각 박지 리 현 혈 백 지사 소무 욕 지
路
로

◇溫言(온언) 溫和話語(온화화어). 온화한 말. 상냥한 말. 부드러운 말씨.

●後漢書皇后紀上明德馬皇后; 其外親有謙素義行者輒假借
○ 후 한 서 황 후 기 상 명 덕마 황 후; 기 외 친 유 겸 소 의 행 자 첩가 차
溫言賞以財位如有纖介則先見嚴恪之色然後加譴其美車服不
온 언 상 이 재 위 여 유 섬개 즉 선 견엄 각 지 색 연 후가 견 기 미 차복 부
軌法度者便絕屬籍遣歸田里
궤 법 도 자 편 절 속적 견 귀 전 리

●明史閹黨傳張綵; 宇雖爲尙書銓政率由綵多不關白宇卽白
○ 명 사 엄 당 전장 채 ; 우 수 위 상 서 전 정 솔 유 채다 불 관 백 우즉 백
宇宇必溫言降接
우 우 필 온 언 강 접

◇良心(양심) 本謂天然的善良心性(본위천연적선량심성). 道德的(도덕적)인 價値(가치)를 判斷(판단)하여 옳고 그름, 善(선)과 惡(악)을 깨달아 바르게 行(행)하려는 意識(의식). 사람으로서 마땅히 가져야 할 바르고 착한 마음. 自己(자기)의 行爲(행위)에 對(대)하여 옳고 그름, 善惡(선악)을 判斷(판단)하고 命令(명령)하는 道德(도덕) 意識(의식).

●孟子告子上; 雖存乎人者豈無仁義之心哉其所以放其良心
○ 맹 자 고 자상 ; 수 존 호 인 자 기 무 인 의 지 심재 기 소 이 방기 량 심
者亦猶斧斤之於木也(朱熹注; 良心者本然之善心卽所謂仁義
자 역 유 부 근 지어 목 야(주 희 주 ; 양 심 자 본 연지 선 심 즉 소위 인 의
之心也)
지 심 야)

●困學紀聞考史; 僕固懷恩判唐李日月爲朱泚將而其母皆知
○ 곤 학 기 문 고 사; 복 고 회 은 판당 이 일 월 위 주자 장 이기 모 개 지
逆順之理良心不可泯也李光弼與韋陟論戰守曰辨朝廷之禮
역 순 지 리 량 심 부 가민 야 이 광 필여 위 척 론 전수 왈 변 조 정 지 례

◇順正(순정) 純粹(순수)하고 올바름. 道理(도리)에 어긋나지 않고 바름. 道理(도리)를 좇아 올바름.

●禮記樂記; 姦聲亂色不留聰明淫樂慝禮不接心術惰慢邪辟
○ 예 기 악 기; 간 성 난 색 부 류 총 명 음 악 특 례 부접 심 타 만 사 피
之氣不設於身體使耳目鼻口心智百體皆由順正以行其義(鄭注;
지 기 부 설 어 신 체 사이 목 비 구 심 지백 체 개 유 순정 이 행 기 의(정 주;
反猶本也術猶道也)(孔穎達疏; 順正由從也皆從和順以行其正
반 유 본 야 술 유 도 야)(공 영 달 소; 순 정 유 종 야 개 종 화 순이 행기 정
織義理也)
직 의 리야)

◇順從(순종) 順服(순복). 순순히 복종함. 고분고분 따름. 순순히 따르고 좇음. 시키는 대로 복종함.

●國語吳語; 夫諸侯無二君而周無二王君若無卑天子以干其
○ 국 어 오 어; 부 제 후 무 이 군 이 주무 이 왕 군 약무 비 천 자 이간 기
不祥而曰吳公孤敢不順從君命長弟許諾吳王許諾乃退就幕而
부 상 이 왈 오 공 고 감 부순 종 군 명 장 제허 낙 오 왕 허낙 내 퇴취 막 이
會吳公先歃晋侯亞之吳王旣會越聞愈章恐齊宋之爲已害也
회 오 공 선 삽 진 후아 지 오 왕 기 회 월 문유 장 공 제 송지 위 이해 야
●嘯亭雜錄孝親; 后天性慈善屢勸上減刑罷兵以免蒼生屠戮
○ 소 정 잡 록 효 친; 후 천 성 자 선 루 권 상 감 형 파병 이 면 창생 도 륙
上無不順從以承歡愛
상 무 부 순 종 이승 환 애

◇順理(순리) 道理(도리). 道理(도리)에 順從(순종)함. 올바른 이치(理致)나 도리(道理). 道理(도리; 이치)에 맞다. 순조로운 理致(이치).

●管子君臣上; 是故別交正分之謂理順理而不失之謂道道德
○ 관 자 군 신 상; 시 고 별 교 정 분 지위 리 순 리 이부 실 지 위 도도 덕
定而民有軌矣有道之君者善明設法而不以私防者也而無道之
정 이 민 유 궤 의 유 도지 군 자 선 명 설 법 이부 이 사 방자 야 이 무도 지
君旣已設法則舍法而行私者也
군 기 이 설 법 즉 사 법이 행 사 자 야

●朱子語類卷八; 虛心順理學者當守此四字人傑聖人與理爲
○ 주 자 어 류 권 팔; 허 심 순 리 학 자 당 수 차 사 자인 걸 성 인여 리 위
一是恰好其他以心處這理卻是未熟要將此心處理
일 시 흡 호 기 타 이심 처 저 리 각 시 미 숙요 장 차 심 처 리

◇順應(순응) 부드럽게 대응(對應)함. 외계(外界)에 적응(適應)하여 변화(變化)함. 둘레의 刺戟(자극)에 適應(적응)하여 그것에 점점 익어짐. 또는, 그러한 現象(현상). 生物(생물)이 持續的(지속적)인 環境(환경) 變化(변화)에 대처하여 그 生理的(생리적) 機能(기능) 등을 變化(변화)시키고 生活(생활)을 維持(유지)하려고 하는 過程(과정).

●朱子語類卷七四; 物來順應者簡也不知是否曰然乾之易致
○ 주 자 어 류 권칠 사 ; 물 래 순 응 자 간 야 부 지 시부 왈 연 건 지역 치
知之事也坤之簡力行之事也
지 지 사 야 곤 지간 력 행 지 사야

●履园叢話雜記上兄弟和家之肥; 湯武之革命雖曰順應實起
○ 리 완 총 화 잡 기 상 형제 화 가 지 비; 탕 무 지 혁 명 수 왈 순응 실 기
爭端爭端一生天下反覆兄弟不和一家反覆故致中和則萬物育
쟁 단 쟁 단 일 생 천 하반 복 형 제 부 화 일가 반 복 고 치중 화 즉만 물 육
兄弟和則家之肥也
형 제 화 즉가 지 비 야

◇道德(도덕) 人倫(인륜)의 大道(대도). 사람으로서 마땅히 지켜야 할 道理(도리)와 그에 준한 行爲(행위). 人間(인간)이 지켜야 할 道理(도리)나 바람직한 行動(행동) 規範(규범).

●韓非子五蠹; 上古競于道德中世逐于智谋當今爭于氣力齊
○ 한 비 자 오 두; 상 고 경 우 도 덕 중세 축 우 지 모당 금 쟁 우기 력 제
將攻魯魯使子貢說之齊人曰子言非不辯也吾所欲者土地也
장 공 로 로 사 자 공 설지 제 인 왈 자 언비 부 변 야 오 소욕 자 토지 야;
●後漢書種岱列傳; 臣聞仁義興則道德昌道德昌則政化明政
○ 후 한 서 종 대 열 전; 신 문 인 의 흥 즉 도 덕 창 도덕 창 즉정 화 명 정
化明而萬姓寧伏見故處士种岱淳和達理耽悅詩書富貴不能回
화 명 이 만 성 녕 복견 고 처 사 충 대 순 화 달리 탐 열시 서 부 귀부 능 회
其慮萬物不能擾其心
기 려 만 물 부 능요 기 심

◇道理(도리) 사람이 마땅히 行(행)해야 할 바른 길. 事物(사물)의 正當(정당)한 理致(이치), 理(이), 方道(방도)와 事理(사리). 事物(사물)이 存在(존재)하고 變化(변화)해 가는데 있어서 반드시 標準(표준)으로

삼는 法則(법칙). 어떤 立場(입장)에서 마땅히 지켜야 할 바른 길. 眞理(진리)와 結合(결합)된 理論(이론)이나 證明(증명). 妥當(타당)한 理致(이치).

①事理(사리) 일의 理致(이치). 事物(사물)의 理致(이치). 일의 道理(도리). 相對的(상대적)이며 差別(차별)이 있는 現象(현상)과 絶對的(절대적)이며 平等(평등)한 法性(법성).

●文子自然; 用衆人之力者烏獲不足侍也乘衆人之勢者天下
○ 문 자 자 연; 용 중 인 지 력 자 오획 부 족 시야 승 중 인 지 세 자 천 하
不足用也無權不可爲之勢而不循道理之數雖神聖人不能以成
부 족 용 야 무 권 불가 위 지 세 이 불 순 도리 지 수수 신 성 인 불 능이 성
功
공

●京尹不台參答友人書; 人見近事習耳目所熟稍殊異卽怪之
○ 경 윤 불 태 삼 답 우인 서 ; 인 견 근 사 습 이 목소 숙 초 수이 즉 괴 지
其於道理有何所傷聖君使行卽是故事自古豈有定制也
기 어 도 리 유 하 소 상성 군사 행 즉 시 고 사 자 고기 유 정 제 야

②情理(정리) 人情(인정)과 道理(도리). 事理(사리). 道理(도리).

●漢書鄒陽傳; 長君跪曰幸甚陽曰竊聞長君弟得幸後宮天下
○ 한 서 추 양 전; 장 군 궤 왈 행 심양 왈 절 문 장 군 제 득행 후궁 천 하
無有而長君行跡多不循道理者
무 유 이 장 군 행 적다 부 순도 리 자

●三國志魏志杜恕傳; 夫糾擿奸宄忠事也然而世憎小人行之
○ 삼 국 지 위 지 두 서 전; 부 규 적 간 귀 충 사 야연 이 세 증소 인 행 지

者以其不顧道理而苟求容進也
자 이 기 부 고 도 리이 구 구용 진 야

◇柔順(유순) **溫柔和順(온유화순). 性質(성질)이 부드럽고 溫順(온순)함. 溫柔(온유)함. 공손(恭遜)함.**

●周易坤卦; 柔順利貞君子攸行(傳曰柔順而健行地之類也…
○ 주 역 곤 괘; 유 순 리 정 군 자 유 행(전 왈 유 순 이건 행 지 지 류야 …
柔順而利貞乃坤德也君子之所行也君子之道合坤德也)先迷失
유 순 이 리 정내 곤 덕 야 군 자 지소 행 야 군 자 지 도합 곤 덕 야) 선 미 실
道後順得常西南得朋乃與類行東北喪朋乃終有慶安貞之吉應
도 후 순 득 상 서 남 득붕 내 여 류 행 동북 상 붕내 종 유 경 안 정 지 길 응
地无疆
지 무 강

●後漢書東夷列傳; 王制云東方曰夷夷者柢也言仁而好生萬
○ 후 한 서 동 이 열 전; 왕 제 운 동 방 왈 이 이 자 저야 언 인 이호 생 만
物柢地而出故天性柔順易以道御至有君子不死之國焉夷有九
물 저 지 이 출 고 천성 유 순 역 이도 어 지 유 군 자 부사 지 국 언이 유 구
種曰畎夷于夷方夷黃夷白夷赤夷玄夷風夷陽夷故孔子欲居九
종 왈 견 이 우 이 방이 황 이 백 이 적 이 현이 풍 이양 이 고 공 자 욕거 구
夷也
이 야

==================================

6.25 戰爭(전쟁)

①民族國家階級集團之間的武裝鬪爭(민족국가계급집단지간적무장

투쟁) 같은 民族(민족) 사이에 벌어진 戰爭(전쟁).

●史記秦始皇本紀; 以諸侯爲郡縣人人自安樂無戰爭之患傳之萬世自上古不及陛下威德
○ 사 기 진 시 황 본 기; 이 제 후 위 군 현 인 인 자 안락 무 전쟁 지 환 전 지 만 세 자 상 고 부 급폐 하위 덕

●事物紀原戰陣攻守戰爭; 呂氏春秋曰蚩尤作兵也利其械未有蚩尤時民固剷林木以戰黃帝與炎帝戰於版泉是矣爲戰爭起於炎黃之際也
○ 사 물 기 원 전 진 공수 전 쟁; 여 씨 춘 추 왈 치 우 작 병 야 리기 계 미 유 치 우 시 민 고 삭 림목 이 전 황 제 여염 제 전 어 판 천시 의 위전 쟁 기 어 염 황 지제 야

②泛指爭鬪鬪爭(범지쟁투투쟁) 顚覆(전복)시키려고 서로 다투어 가며 싸움질. 상대(相對)를 쓰러뜨리려 싸우고 다툼.

●漁父活得詞; 龍飛踴虎狌獰吐個神珠各戰爭
○ 어 부 활 득사 ; 용 비 용 호 성 영 토 개 신 주각 전 쟁

●太平廣記卷五百引唐皇甫氏原化記京都儒士; 儒士方俉開門尙自戰慄具說昨宵與物戰爭之狀衆大駭異
○ 태 평 광 기 권오 백 인 당 황 보씨 원 화 기 경 도유 사 ; 유 사 방 오 개 문 상 자 전 률 구설 작소 여 물 전 쟁 지 상 중 대 해 이

◇侵略(침략) 남의 나라를 侵擄(침노)하여 땅을 빼앗음. 한 나라가 他國(타국)에 대하여 행하는 不法的(불법적)인 先制的(선제적) 武力行事(무력행사).

●後漢書孔融傳; 初曹操攻屠鄭城袁氏婦子多見侵略而操子
○ 후 한 서 공 융 전; 초 조 조 공 도 정 성 애 씨부 자 다 견 침략 이 조 자

丕私納袁熙妻甄氏融乃與操書稱武王伐紂以妲己賜周公操不
비 사 납 원 희 처 견 씨융 내 여 조서 칭 무 왕 벌 주이 달 기 사 주공 조 부
悟后问出何經典對曰以今度之想當然耳
오 후 문 출 하 경 전대 왈 이 금 도지 상 당 연 이
●南史梁吳平侯景傳; 齊安竟陵郡接魏界多盜賊景移書告示
○ 남 사 양 오 평 후경 전 ; 제 안 경 능 군 접 위 계 다도 적 경 이서 고 시
魏即焚塢戌保境不復侵略一國侵犯破壞另一國的主權領土完
위 즉 분 오 술 보 경 부복 침 략 일국 침 범 파 괴 령일 국 적 주 권 령 토 완
整及政治獨立
정 급 정 치 독립

◇動亂(동란) 指社會上政治上動蕩變亂(지사회상정치상동탕변란). 폭동(暴動), 전쟁(戰爭), 반란(叛亂) 등(等)으로 사회(社會)가 질서(秩序) 없이 소란(騷亂)해지는 일. 전(轉)하여 전란(戰亂).

●三國志魏志張遼傳; 勿動是不一營盡反必有造變者欲以動
○ 삼 국 지 위 지장 료 전 ; 물 동 시 불 일 영 진 반 필유 조 변 자욕 이 동
亂人耳乃令軍中其不反者
란 인 이 내 령 군 중 기부 반자

◈欺瞞戰術(기만전술) 敵(적)을 속이고 作戰(작전)과 行動(행동)을 指揮(지휘)하는 術策(술책).

◇欺瞞(기만) 欺騙蒙混(기편몽혼). 남을 그럴 듯이 속임.

●朱子語類卷二一; 只是這一箇物但有精粗衆人有衆人底忠
○ 주 자 어 류권 이 일 ; 지 시 저 일 개 물 단 유 정조 중 인 유 중인 저 충

學者有學者底忠賢者有賢者底忠聖人有聖人底忠衆人只是朴
학 자 유 학 자 저 충 현자 유현 자 저 충 성 인 유성 인 저 충 중 인지 시 박
實頭不欺瞞人亦謂之忠
실 두 불 기 만 인역 위 지 충
●劉弘嫁碑第二折; 外扮蘭孫上雲悶似湘江水涓涓不斷流有
○ 유 홍 가 비 제 이절 ; 외 분 란 손 상 운 민 사 상강 수 연 연 부단 류 유
如秋夜雨一點一聲愁妾身襄陽人… 唱俺一家兒夫憐貧更和
여 추 야 우 일 점 일 성수 첩신 양 양 인 … 창 엄 일 가 아 부 련 빈 경 화
這妻敬老俺又不曾道是欺瞞着天地
저 처 경 로 엄 우 불증 도 시 기만 착 천 지

◇戰術(전술) **作戰(작전) 行動(행동)을 指揮(지휘)하는 術策(술책). 個個(개개)의 具體的(구체적)인 戰鬪(전투)에 있어서 戰鬪力(전투력)의 使用法(사용법). 普通(보통) 長期的(장기적)이고 廣範圍(광범위)한 展望(전망)을 갖는 戰略(전략)의 하위에 屬(속)함. 軍術(군술). 兵術(병술) 一定(일정)한 目的(목적)을 達成(달성)하기 爲(위)한 手段(수단)·方法(방법).**

①作戰的策略方法(작전적책략방법) **싸움을 진행(進行)하는 方法(방법)에 쓰일 謀策(모책)과 方略(방약)과 方法(방법).**

●太平廣記卷三七一引唐李隱瀟湘錄馬擧; 叟曰方今正用兵
○ 태 평 광 기 권 삼 칠일 인 당 이 은소 상 록 마 거; 수 왈 방 금 정 용 병
之時也公何不求兵机戰術而將御寇讎
지 시 야 공 하 부구 병궤 전 술 이 장어 구 수

●宋書索虜傳論; 而自木末以來並有賢才狡算妙識兵權深通
○ 송 서 삭 로전 론 ; 이 자 목 말 이 래 병 유 현 재 교산 묘 식 병권 심 통
戰術
전 술

②比喩在鬪爭和工作中使用的方法(비유재투쟁화공작중사용적방법)

●在其香居茶館里; 但是他的戰術依然停留在第一階段即并
○ 재 기 향 거 다관 리 ; 단 시 타 적 전 술 의 연 정 류재 제 일계 단 즉 병
不指出被攻擊的人的姓名只是隐射着對方正像一通没頭没脑
부 지 출 피 공 격 적인 적 성 명 지 시 은 사 착대 방 정 상 일 통몰 두 몰 뇌
的謾罵那样搞到我名下來了他顯得做作地打了一串哈哈
적 만 매 나 양 고 도아 명 하 래료 타 현 득 주 작지 타료 일 천 합 합

◇毛澤東(모택동)의 中國統一戰略(중국통일전략)

勢(세)가 不利(불리)하면 平和(평화)를 僞裝(위장)하여 平和會談(평화회담)으로 談判(담판)을 벌이다가 戰鬪力(전투력)이 保强(보강)되면 攻擊(공격)으로 突變(돌변)하고 攻擊(공격)을 하다가 勢(세)가 밀린다 싶으면 다시 平和會談(평화회담)을 들고 나오는 典形的(전형적)인 게릴라 戰法(전법)이 談談打打(담담타타) 打打談談(타타담담)이란 毛澤東(모택동)이 中國共産人民化(중국공산인민화) 內戰(내전) 때에 蔣介石(장개석)을 상대로 한 戰鬪(전투)에서 썼던 전략이었다.

이런 欺瞞戰略(기만전략)에 깜박 속아 결국은 敗戰之將(패전지장)으로 臺灣(대만)으로 쫓겨난 蔣介石(장개석)이 훗날 毛澤東(모택동)의 이 戰術(전술)에 속았다고 述悔(술회)

함으로써 유명해진 欺瞞戰術(기만전술)이다. 북한 정권을 세운 金日成(김일성)의 戰法(전법)이 바로毛澤東(모택동)의 이 전법을 그대로 傳受(전수) 받았음은 天下(천하)가 다 아는 사실이다. 金日成(김일성)이 중국 共産黨(공산당)의 東北抗日聯合軍(동북항일연합군) 帥長(수장)으로 활동할 때 모택동으로부터 익힌 전법이 바로 이 전법이다.

金日成(김일성)은 아들 金正日(김정일)에게 전수했고 金正日(김정일)은 다시 아들 金正恩(김정은)에게 고스란히 물려 주었다는 것은 두말하면 잔소리가 아닌가. 게다가 金日成(김일성) 때부터 宿望(숙망)이던 核武裝(핵무장)이었던 核無器(핵무기)와 장거리핵미사일까지 손에 틀어쥔 김정은이 초강대국 미국과 맞장을 뜨겠다고 으르렁거리자 미국은 꼬리를 내리고 평화회담장으로 김정은을 알현하여 어떻게든 달래보려고 안달하고 있는 것이 지금 진행되고 있는 정상회담의 실상이라 할 것이다.

김정은 정권을 유지할 수 있는 유일한 알파와 오메가인 것이 바로 광복 이후 70 년을 별러 만들어놓은 것이 核武器(핵무기)인데 이것을 김정은에게 제발 폐기해 줄 것을 애걸복걸 하지만 김정은이 이것을 폐기처분 할 것이라고 믿는다면 삼척동자도 웃을 일임을 나는 확신한다. 지금 김정은이 남북간 정상회담도 하며 너스레를 떨고 성과 없는 수박 겉핥기 식의 북미 일차 정상회 담을 하며 너스레를 떤 것도 다 저들에겐 너무나도 익숙한 기만전술인 것임을 看過(간과) 한다면 피를 보게 되는 것은 당사자인 우리나라인 것이다.

북한 헌법인 勞動黨規約(노동당규약)에 못 박아놓은 赤化

78 6.25 戰爭(전쟁)

統一(적화통일)이 버젓이 움쩍도 않고 또아리를 틀고 있는 것이 엄연한 현실인데 우리는 국방백서에서 북한이 主敵(주적)이란 단어를 삭제하는 것이 무엇이 그리도 급하고 필요 불가 결한 것이었던가 지금 김정은 정권이 벌이고 있는 위장 평화공세는 한입에 냉큼 삼키려는 공격을 가장한 워밍업 그 이상도 이하도 아니라는 사실이 지나온 역사가 낱낱이 증명해주고 있는 사실임을 결코 잊어서는 될 일이 아닌 것이다.

말로 될 것 같았으면 김대중 정권 때 되었거나 노무현 정권 때 되었어야 할 것이나 그게 어디 되었던가. 저들은 말로는 결단코 호락호락 될 그런 상대가 아니란 것을 미국도 아직 감을 제대로 못 잡은 것이니까 코뚜리에 걸린 황소가 질질 끌려 다니듯이 다시 2 차 정상회담에 울며 겨자 먹기로 매달리는 꼴이 아닌가.

2 차 정상회담 해봤자 결국은 북한을 핵 보유국으로 받아들이고 상호 불가침원칙 정도로 어물쩍 넘어가는 것으로 결말이 날 것이 뻔해 보이는 것이 나만의 공연한 杞憂(기우)라면 좋으련만 아무래도 주한미군을 고향으로 데려가고 싶다고 공언했던 트럼프가 주한미군 주둔비용을 종전에 비해 갑 절이나 올려야 한다며 생트집을 부리는 그 속내를 생각하면 철수는 당장이야 안 하겠지만 결국엔 멀지 않은 시기에 철수카드를 꺼내려는 수작이 아니겠는가. 이런 것을 생각한다면 북한 김정은의 입에 발린 평화기만전술에 眩惑(현혹)되어 금방이라도 통일이 될 것처럼 爲政者(위정자)나 국민이나 迷惑(미혹)된 妄想(망상)에 허투루 놀아난다면 이것이야말로 김정은의 각본대로 돌아가고 마는 꼴이 되는 것이 아니겠는가. (出處; 談談打打(담담타타) 打打談談(타타담담))

◈六.二五戰爭(육이오전쟁)의 被害(피해)

6.25전쟁은 북한이 6월 25일 새벽 암호명 '폭풍'이란 이름으로 포고없이 불법남침 우리 국군은 사흘 만에 서울을 빼겼다 9월 15일 UN군의 '인천상륙작전'으로 서울을 탈환, 1950.6.25~1953.7.27(휴전), 3년간 총 1.129일 동안 전쟁이 계속되다 지금은 휴전중이다.

◇參戰國(참전국)의 避害(피해) 現況(현황)

(出處; dmain)

●국가명	참전인원	참전규모	전사	부상	실종	포로	합계
○미국	1.789.000	육해공	34.940	92,134	3.737	4.439	135.250
◇영국	56.000	육해	1.078	2.674	179	997	4.928
◇캐나다	25.687	육해공	312	1.212	1	32	1.557
◇터키	14.936	육	741	2.068	163	244	3.216
◇호주	8.407	육해공	339	1.216	3	26	1.584
◇필리핀	1.420	육	112	229	16	41	398
◇태국	6.326	육해공	1.273	129	1.139	5	2.546
◇네델란드	5.322	육해	120	645		3	768
◇콜롬비아	5,100	육해	163	448		28	639
◇그리스	4.992	육	19	543		3	738
◇뉴질랜드	3.794	육해	23	79	1		103
◇에티오피	3.518	육	121	536			657
◇벨기에	3.498	육	99	336	4	1	440
◇프랑스	3.421	육해	262	1.000	7	12	1.281
◇남아공	826	공	34			9	43
◇룩셈부르크	83	육	2	13			15
합계	1.932 330	육해공	39.811	103.262	5.250	5. 840	154.163

●醫療支援(의료지원)

國名(국명)	醫療人員(의료인원)	診療課(진료과)
◇인도	627	야전병원
◇노르웨이	623	이동외과병원
◇덴마크	630	병원선
◇스웨덴	130	적십자병원
◇이탈리아	128	적십자병원
◇의료계	2.138명	5

◈UN參戰國(참전국) 피해

◇UN參戰國(참전국) 21개국.

◇參戰(참전) 人員(인원) 1.934.468명

◇參戰(참전) 人名(인명) 被害(피해)

◇戰死(전사)------------------------------ 39.811명
◇負傷(부상)---------------------------- -103.262명
◇失踪(실종)------------------------------ 5.250명
◇捕虜(포로)------------------------------ 5.840명
◇被害合計(피해합계)-----------------------154.163명

◈我國軍被害(아국군피해)

◇戰死(전사)---------------------------- 227.748명
◇負傷(부상)---------------------------- 717.083명
◇失踪(실종)-----------------------------43.572명
◇被害合計(피해합계)--------------------- 988.403명

◈民間人命被害(민간인명피

해)

◇死亡(사망)------------------------- 244.663명
◇虐殺(학살)------------------------- 128.963명
◇負傷(부상)------------------------- 229.625명
◇拉致(납치)-------------------------- 84.532명
◇行方不明(행방불명)-------------------- 303.212명
◇被害合計(피해합계)-------------------- 990.968명

◆6.25 전쟁 물적 피해(出處; naver)

피해기관 및 시설 수량
◇民間家屋(민간가옥)---- ------------- 612.000 여호
◇學校(학교)----------------- 4023 개교 15.427 여동
◇警察署(경찰서)---------------- 117 개소 1.931 여동
◇行政機關(행정기관)------------------- 2.700 여동
◇醫療機關(의료기관)------------------- 1.500 여동
◇金融機關(금융기관)------------------- 1.100 여동
◇宗教施設(종교시설)-------------------13.100 여동
◇工場施設(공장시설)-------------------13.100 여동
◇公共團體(공공단체)------------------ 12.000 여동
◇港灣(항만)- - - - - -- - ------------ -100 여개소
◇鐵道(철도) - - ---------------------- 329 여 km
◇橋梁(교량) -- -- - - -------------- 312 여 km
◇電線(전선)--------------------------61 여 km
◇工業施設(공업시설)---------------43 여%破損(파손)
◇發電所(발전소)------------------41 여% 破壞(파괴)
◇炭鑛(탄광)-------------------------50 여% 파괴
◇家畜(가축)--------------------29.218.180 여두

▣총피해액----2,281,054,217 弗

(당시평가액)

◇事變(사변) 重大政治軍事性事件(중대정치군사성사건). 한나라가 상대국에 宣戰布告(선전포고)도 없이 武力(무력)을 사용하는 일. 當事國(당사국) 政府(정부)가 政策(정책) 上(상) 戰爭(전쟁)이라고 부르지 않는 國際(국제) 間(간)의 武力(무력) 衝突(충돌), 또는 國際(국제) 間(간)의 宣傳(선전) 포고 없는 戰爭(전쟁).

●晉書愍怀太子遹傳; 議至日西不決后懼事變乃表免太子爲人詔許之
○ 진 서 민 부태 자 휼 전; 의 지 일 서 불 결 후구 사 변 내 표면 태 자 위 인 조 허 지

●策略第五; 臣嘗觀西漢之初高祖創業之際事變之興亦已繁矣
○ 책 략 제 오; 신 상 관 서 한 지 초고 조 창 업 지 제 사변 지 흥역 이 번 의

◇同族相殘(동족상잔) 同族(동족)끼리 서로 죽이는 싸움. 북한 김일성의 6.25 남침 전쟁.

●春秋左傳襄公十二年; 凡諸侯之喪異姓臨於外同姓於宗廟同宗於祖廟同族於禰廟是故魯爲諸姬臨於周廟爲邢凡蔣茅胙祭臨於周公之廟
○ 춘 추 좌 전 양 공 십이 년 ; 범 제 후 지 상 이 성임 어 외 동성 어 종 묘 동 종 어 조 묘 동 족 어네 묘 시 고 로위 제 희 임 어주 묘 위 형 범장 모 조 제 임 어 주 공 지 묘

●後漢書董卓傳; 卓與言不能辭對與陳留王語遂及禍亂之事
○ 후 한 서 동 탁 전; 탁 여 언 부 능 사 대 여 진 류왕 어 수 급화 란 지 사

卓以王爲賢且爲董太后所養卓自以與太后同族有廢立意
탁 이 왕 위 현 차 위 동태 후소 양 탁 자 이 여 태 후동 족 유 폐 립의
●紅樓夢本事辨證; 故香菱亦與寶玉有情且借香菱慘苦亦兼
○ 홍 루 몽 본사 변 증 ; 고 향 릉 역 여 보 옥 유정 차 차 향 릉 참고 역 겸
影崇禎太子永定二王輩耳賈環者天道好還之意亦治亂循環之
영 숭 정 태 자 영 정 이 왕배 이 가 환 자천 도 호 환 지의 역 치란 순 환 지
意影胤禔胤者言諸子相殘循環報應也焦大猶言驕大
의 영 윤 제 윤 자 언제 자 상 잔 순 환보 응 야 초대 유 언교 대

◇避亂(피란) 躱避戰亂(타피전란). 亂離(난리)를 피함.

●三國志吳志諸葛瑾傳; 諸葛瑾字子瑜琅邪陽都人也漢末避
○ 삼 국 지 오 지 제갈 근 전 ; 제 갈 근 자 자 유 랑사 양 도 인야 한 말 피
亂江東值孫策卒孫權姊壻曲阿弘咨見而異之荐之于權與魯肅
란 강 동 치 손 책 졸손 권 자 서 곡 아홍 자 견 이 이 지천 지 우 권여 로 숙
等并見賓待后爲權長史轉中司馬
등 병 견 빈 대 후 위권 장 사 전 중사 마
●唐才子傳陳陶; 大中中避亂入洪州西山學神仙嚥氣有得出
○ 당 재 자 전 진 도; 대 중 중 피 란 입 홍 주 서 산학 신 선 연 기 유득 출
入無間
입 무 간

◇戰禍(전화) 戰爭禍害(전쟁화해). 戰爭(전쟁)으로 인한 災厄(재액)과 患難(환난).

●大同書乙部第一章; 其時戰禍徧地故仁人深惡而痛絶之
○ 대 동 서 을 부제 일 장 ; 기 시 전 화 편 지 고 인인 심 악이 통 절 지

◇脫出(탈출) 离去(리거). 擺脫(파탈). 몸을 빠져 나옴. 危機(위기)에서 몸을 빼쳐 도망(逃亡)침.

●史記張耳陳餘列傳; 趙人多爲張耳陳餘耳目者以故得脫出
○ 사 기 장 이 진여 열 전 ; 조 인 다 위 장 이 진 여이 목 자 이고 득 탈 출
收其兵得數萬人客有說張耳曰兩君羈旅而欲附趙難獨立立趙
수 기 병 득 수 만 인객유 설 장 이 왈 량 군 기 려이 욕 부 조 난독 립 립 조
後扶以義可就功(索隱曰羈旅勢弱難以立功也)
후 부 이 의 가취 공) (색 은 왈기 려 세 약 난 이 립공 야)

◇收容所(수용소) 收留生活無着或處境困難者的机构(수류생활무착혹처경곤난자적궤구). 많은 사람을 집단적으로 한곳에 모아 거처, 숙식 시키는 장소.

◇戰犯(전범) 發動非正義或戰爭或在戰爭中犯嚴重罪行的人(발동비정의혹전쟁혹재전쟁중범엄중죄행적인). 戰爭(전쟁) 犯罪者(범죄자).

◇敵國(적국) 相對(상대)가 되어 싸우는 나라.

①敵對之國(적대지국) 敵對(적대) 關係(관계)에 있는 나라.

●周禮夏官环人; 訟敵國揚軍旅降圍邑挈壺氏掌挈壺以令軍
○ 주 례 하 관배 인 ; 송 적 국 양 군 여 강 위 읍 설 호씨 장 설 호이 령 군
井挈轡以令舍挈畚以令
정 설 비 이 령사 설 분 이 령

●漢書蒯通傳；語曰野禽殫走犬亨敵國破謀臣亡故以交友言
○ 한 서 괴 통 전; 어 왈 야 금 탄 주 견 형 적국 파 모 신 망 고이 교 우 언
之則不過張王與成安君以忠臣言之則不過大夫種此二者宜足
지 즉 부 과 장 왕여 성 안 군이 충 신 언 지 즉 부 과대 부 종차 이 자 의 족
以觀矣願足下深慮之且臣聞之勇略震主者身危功蓋天下者不
이 관 의 원 족 하심 려 지 차 신 문지 용 략 진 주 자신 위 공 개 천하 자 부
賞
상

②地位或勢力相等的國家(지위혹세력상등적국가) 地位(지위)나 國勢(국세)가 서로 對等(대등)한 나라.

●管子霸言；合小以攻大敵國之形也以負海攻負海中國之形
○ 관 자 패 언; 합 소 이 공 대 적국 지 형 야 이 부해 공 부 해 중국 지 형
也折節事彊以避罪小國之形也自古以至今未嘗有先能作難違
야 절 절 사 강 이 피 죄소 국지 형 야 자 고 이 지 금 미상 유 선 능작 난 위
時易形以立功名者無有常先作難違時易形無不敗者也
시 역 형 이 립 공 명 자 무유 상 선 작난 위 시 역 형무 불 패 자 야
●國語周語中；敵(註；敵位敵也)國賓至關尹以告行理以節逆
○ 국 어 주 어 중; 적 (주 ; 적 위 적 야) 국 빈 지 관 윤 이고 행 리 이절 역
之候人爲導卿出郊勞門尹除門宗祝執祀司里授館司徒具徒司
지 후 인 위 도경 출 교 로 문 윤제 문 종 축 집 사사 리 수 관 사 도구 도 사
空視途司寇詰姦
공 시 도 사 구힐 간

◇背信(배신) 信義(신의)를 저버림. 어떤 대상에 대하여 믿음과 義理(의리)를 저버림.

●爲貞陽侯答王太尉書；湛海珍等前朝舊將差匪齊人分給羸
○ 위 정 양 후 답 왕태 위 서; 담 해 진 등 전 조 구 장 차 비제 인 분 급 리

兵卽是梁甲非云背信豈曰渝盟
병 즉 시 량 갑 비 운 배신 기 왈 투 맹
●困獸記十三; 爲甚么呢她氣惱的問准備指責一番他的背信
○ 곤 수 기 십 삼; 위 심 요 니 저 기 뇌 적 문 준 비지 책 일 번 타 적 배 신
造句蔣介石背信棄義終于發動了內戰
조 구 장 개 석 배 신 기의 종 우 발동 료 내 전

◇合倂(합병) 合幷(합병). 倂合(병합). 둘 이상의 단체나 조직 국가 등을 합쳐서 하나로 만듦. 力作合幷(역작합병).

●莊子則陽; 今指馬之百體而不得馬而馬繫於前者立其百體
○ 장 자 칙 양 ; 금 지 마 지 백 체 이 부득 마 이 마 계 어전 자 립 기백 체
而謂之馬也是故丘山積卑而爲高江河合水而爲大大人合倂而
이 위 지 마 야 시 고 구 산 적비 이 위 고 강 하합 수 이 위 대대 인 합 병이
爲公是以自外入者有主而不執由中出者有正而不距四時殊氣
위 공 시 이 자 외 입 자 유주 이 부 집 유 중출 자 유 정 이부 거 사 시수 기
天不賜故歲成五官殊職君不私故國治文武殊材大人不賜故德
천 부 사 고 세 성 오 관수 직 군 부 사 고국 치 문 무 수 재 대인 부 사 고덕
備萬物殊理道不私故無名無名故無爲無爲而無不爲丘山積卑
비 만 물 수 리 도 부 사 고무 명 무 명 고 무위 무 위 이 무부 위 구 산적 비
而爲高江河合水而爲大
이 위 고 강 하 합 수 이 위대
●元曲章戶部三分析; 欽奉聖旨條畫壬子年合倂抄上戶計自
○ 원 곡 장 호 부 삼 분 석; 흠 봉 성 지 조 화 임 자년 합 병 초 상호 계자
願析居名另者聽從民便
원 석 거 명 령 자 청 종 민편

①結合到一起(결합도일기) 둘 以上(이상)이 서로 關係(관계)를 맺고 합치어 한 곳에 모임.

●莊子則陽; 丘山積卑而爲高江河合水而爲大大人合并而爲
○ 장 자 칙 양 ; 구 산 적 비 이 위고 강 하 합 수이 위 대 대 인 합병 이 위
公是以自外入者…時有終始世有變化禍福淳淳至有所拂者而
공 시 이 자 외 입 자…시 유 종 시 세 유 변 화 화 복순 순 지 유 소 불 자 이
有所宜自殉殊面有所正者有所差
유 소 의 자 순 수 면 유소 정 자 유 소 차
●元曲章戶部三分析; 欽奉聖旨條畫壬子年合併抄上戶計自願
○ 원 곡 장 호 부 삼 분 절; 흠 봉 성 지조 화 임 자 년 합 병초 상 호계 자 원
析居各另者聽從民便
석 거 각 령 자 청 종민 편

②猶聚會(유취회) 會合(회합). 集會(집회). 모임과 같다.

●與孟東野書; 發端一段與足下別久矣以吾心之思足下知足
○ 여 맹 동 야 서 ; 발 단 일 단 여 족 하별 구 의 이오 심 지 사 족하 지 족
下懸懸於吾也各以事牽不可合并其於人非足下之爲見而日與
하 현 현 어 오 야 각 이사 견 부 가 합 병기 어 인 비 족 하지 위 견 이 일 여
之處足下知吾心樂否也
지 처 족 하 지오 심 락 부 야
●漢王桀雜詩; 人欲天不違何懼不合并
○ 한 왕 걸 잡 시 ; 인 욕 천 불 위 하 구부 합 병

◇謝過(사과) 제 잘못에 대하여 상대방에게 容恕(용서)를 빎.

●春秋左傳襄公三十年; 趙孟問其縣大夫則其屬也召之而謝
○ 춘 추 좌 전 양 공 삼십 년 ; 조 맹 문 기 현 대 부즉기 속 야 소 지 이 사
過焉曰武不才任君之大事以晉國之多虞不能由吾子使吾子辱
과 언 왈 무 부 재 임 군지 대 사 이 진국 지 다 우 부 능 유오 자 사 오자 욕
在泥塗久矣武之罪也
재 니 도 구 의 무지 죄 야
●史記魯周公世家; 定公與齊景公會於夾谷孔子行相事齊欲
○ 사 기 로 주 공세 가 ; 정 공 여 제 경 공 회 어 협곡 공 자 행 상 사제 욕

襲魯君孔子以禮歷階誅齊淫樂齊侯懼乃止歸魯侵地而謝過
습 로 군 공 자 이 례 력계 주 제 음 악제 후 구 내지 귀 로 침 지 이사 과

◇和解(화해) 다툼질을 그치고 풂. 訴訟(소송) 또는 紛爭(분쟁) 當事者(당사자)가 서로 讓步(양보)하여 相互(상호) 間(간)의 紛爭(분쟁)을 그치기로 約束(약속)함으로써 成立(성립)하는 契約(계약).

①寬和(관화) 寬容(관용). 너그럽게 容恕(용서)하고 容納(용납)함. 너그러이 하되 절제를 두며, 침착하고 공평함을 따름.

●荀子王制; 和解調通好假道人而無所凝止之則姦言幷至嘗
○ 순 자 왕 제; 화 해 조 통 호 가 도인 이 무 소 응지 지 즉 간 언 병 지 상
試之說鋒起若是則聽大事煩是又傷之也故法而不議則法之所
시 지 설 봉 기 약 시 즉청 대 사 번 시우 상 지 야 고법 이 부 의 즉 법 지 소
不至者必廢職而不通則職之所不及者必隊(楊倞注; 謂寬和不
부 지 자 필 폐 직 이부 통 즉 직 지소 부 급 자 필 추(양경 주 ; 위 관 하 불
拒下也)
거 하 야)

②平息紛爭(평식분쟁) 分爭(분쟁)을 공정하게 끝냄.

●史記韓信盧綰列傳; 國被邊匈奴數入晉陽去塞遠請治馬邑
○ 사 기 한 신 로 관열 전 ; 국 피 변 흉 노 수 입 진 양 거새 원 청 치 마 읍
上許之信乃徙治馬邑秋匈奴冒頓大圍信信數使使胡求和解
상 허 지 신 내 사 치 마읍 추 흉 노 모 돈 대 위 신 신 수 사 사 호 구 화 해
●唐國史補卷上; 李令與張廷賞有隙因擿發他罪欲抵以死…
○ 당 국 사 보 권상 ; 이 령 여 장 정 상 유 극 인 적발 타 죄 욕 저이 사 …

德宗嘗令韓晉公和解之
덕 종 상 령 한 진 공 화해 지

◇賠償(배상) 나의 잘못으로 타인에게 입힌 손해를 메꿔줌. 남의 權利(권리)를 侵害(침해)한 자가 그 損害(손해)를 補償(보상)하는 일.

●元曲章戶部二分例; 若有支使不應卽勒當該之人賠償
○ 원 곡 장 호 부 이 분 예; 약 유 지 사 불 응 즉 륵당 해 지 인 배 상
●琵琶記義倉賑濟; 相公小人招不得自古道東量西折難教小人賠償
○ 비 파 기 의 창진 제 ; 상 공 소 인 초 부 득 자 고도 동 량 서 절 난교 소 인 배 상

◇平和(평화) 平正諧和(평정해화). 平溫(평온)하고 和睦(화목)함. 戰爭(전쟁) 없이 세상이 平溫(평온)함. 和合(화합)하고 安穩(안온)함.

●**春秋**左傳昭公元年; 傳曰先王之樂所以節百事也故有五節遲速本末以相及中聲以降五降之後不容彈矣於是有煩手淫聲慆堙心耳乃忘平和君子弗德
○ 춘 추 좌 전 소 공원 년 ; 전 왈 선 왕 지 악 소이 절 백 사 야고 유 오 절 지 속 본 말 이 상 급 중성 이 강 오강 지 후 부 용 탄 의 어시 유 번 수음 성 도 인 심 이 내 망 평 화군 자 불 덕
●管子形勢解; 明主猶羿也平和其法審其廢置而堅守之有必治之道故能多擧而多當道者羿之所以必中也主之所以必治也
○ 관 자 형 세 해; 명 주 유 예 야평 화 기 법 심 기폐 치 이 견 수지 유 필 치 지 도 고 능 다 거이 다 당 도 자예 지 소 이 필 중 야 주지 소 이필 치 야

射者弓弦發矢也
사 자 궁 현 발 시 야

◇恩惠(은혜) 仁愛(인애). 어진 마음으로 사랑을 베풂. 自然(자연)이나 남에게서 받는 고마운 惠澤(혜택).

●漢書息夫躬傳; 辯慧則破正道深刻則傷恩惠昔秦繆公不從
○ 한 서 식 부 궁전 ; 변 혜 즉 파 정 도 심 각 즉상 은 혜 석 진 무공 부 종
百里奚蹇叔之言以敗其師悔過自責疾詿誤之臣思黃髮之言名
백 리 해 건 숙 지 언 이패 기 사 회 과 자책 질 괘 오 지 신사 황 발 지언 명
垂於後世唯陛下觀覽
수 어 후 세 유 폐하 관 람

●文子自然; 老子曰淸虛者天之明也無爲者治之常也去恩惠
○ 문 자 자 연 ; 노 자 왈 청 허 자 천 지명 야 무 위 자치 지 상 야 거은 혜
舍聖智外賢能廢仁義滅事故棄佞辯禁姦僞則賢不肖者齊於道
사 성 지 외 현 능 폐 인의 멸 사 고기 녕 변 금 간 위 즉 현부 초 자 제 어 도
矣靜則同虛則通至德無爲萬物皆容
의 정 즉 동 허 즉 통 지 덕무 위만 물 개 용

◈敵(적) 對敵(대적)하다. 상대. 적수. 대항하다. 적대하다. 대적하다.

①仇敵敵人(구적적인) 怨讐(원수). 자기에게 해를 끼치어 怨恨(원한)이 맺히게 한 개인이나 團體(단체)나 또는 事物(사물).

●墨子七患; 以七患守城敵至國傾七患之所當國必有殃凡五
○ 묵 자 칠 환 ; 이 칠 환 수 성 적지 국 경 칠 환지 소 당 국 필 유 앙 범 오
谷者民之所仰也君之所以爲養也
곡 자 민 지 소 앙 야군 지 소 이 위양 야

●文心雕龍哀吊; 虐民構敵亦亡之道凡斯之例吊之所設也
○ 문 심 조 룡 애조 ; 학 민 구 적 역 망 지 도 범사 지 례 조 지 소설 야

②對抗(대항) **서로 相對(상대)하여 勝負(승부)를 겨룸. 서로 맞서서 버티어 겨룸. 法律(법률) 關係(관계)에서 事實(사실)의 主張(주장)을 貫徹(관철)하여 다른 사람을 排斥(배척)함.**

●春秋左傳哀公十五年; 大子聞之懼下石乞于黶敵子路(杜預注; 敵當也)以戈擊之斷纓子路曰君子死冠不免結纓而死
○ 춘 추 좌 전 애 공 십오 년 ; 대 자 문 지 구 하 석 걸우 염 적 자 로(두 예 주 ; 적 당 야) 이 과 격 지단 영 자 로 왈 군 자사 관 부면 결 영 이 사

●夜潭隨錄白萍; 林被酒瞑眩極力支撑竟不能敵
○ 야 담 수 록 백 평; 임 피 주 명 현극 력 지 탱 경 불 능 적

③敵國(적국) **敵對關係(적대관계)에 있는 나라. 相對(상대)가 되어 싸우는 나라.**

④敵對之國(적대지국) **敵(적)으로서 對抗(대항)하는 나라. 戰爭(전쟁) 중인 相對國(상대국).**

●漢書蒯通傳; 語曰野禽殫走犬烹敵國破謀臣亡故以交友言之則不過張王與成安君以忠臣言之則不過大夫種此二者宜足以觀矣
○ 한 서 괴 통 전; 어 왈 야 금 탄 주견 팽 적 국 파모 신 망 고이 교 우 언 지 즉 불 과 장 왕 여 성안 군 이충 신 언 지 즉 불 과 대부 종 차 이 자의 족 이 관 의

●女神湘累; 他終竟被敵國拐騙了去了地位或勢力相等的國家
○ 여 신 상 루; 타 종 경 피 적 국괴 편 료 거 료 지 위혹 세 력 상 등적 국 가

◇共産(공산) 財産(재산)을 共有(공유)함. 共産主義(공산주의) 共産黨(공산당).

●無産階級的整个思想體系(무산계급적정개사상체계). 재산(財産) 및 생산(生産) 기관(機關)의 사유(私有)를 부인(否認)하고 자본주의(資本主義)의 붕괴(崩壞), 계급투쟁(階級鬪爭), 사회(社會) 혁명(革命)을 주장(主張)하는 思想體系(사상체계).

◇(칼마르크스作 엥겔스編輯) 資本論(자본론)의 虛構(허구)

基本的(기본적)으로 勞動(노동)의 剩餘價値(잉여가치) 生産(생산)과 그것을 專有(전유)하는 資本家(자본가)와의 葛藤(갈등)관계, 즉 搾取(착취)를 둘러싸고 일어나는 資本主義(자본주의) 동학을 描寫(묘사)하고 있다. 資本主義(자본주의) 體制(체제)에서 勞動力(노동력)은 單純(단순)히 하나의 商品(상품)이고 그 勞動力(노동력)을 販賣(판매)한 代價(대가)가 賃金(임금)이다.

○平等經濟(평등경제)

資本家(자본가)들은 勞動者(노동자)에게 生計費(생계비) 水準(수준)의 賃金(임금)을 주고도 남을 정도의 剩餘勞動(잉여노동)을 强制(강제)함으로써 剩餘價値(잉여가치), 卽(즉) 利潤(이윤)을 生産(생산)하며 勞動者(노동자)가 生産(생산)한 利潤(이윤)을 資本家(자본가) 自身(자신)이 專有(전유)한다. 機械(기계)를 導入(도입)한 資本家(자본가)는 다른 資本家(자본가)보다 유리한 位置(위치)에 서게 되어 利潤

(이윤)을 增加(증가)시킬 수 있다. 그러나 賃金費用(임금비용)보다 機械費用(기계비용)이 늘어날수록 總費用(총비용)에 비해 利潤(리윤)은 줄어든다. 마침내 勞動者(노동자)들의 生存(생존)을 保障(보장)할 수 없게 되어 資本家(자본가) 階級(계급)은 支配力(지배력)을 잃게 된다. 따라서 資本主義(자본주의) 體制(체제)는 무너지고 勞動者(노동자) 階級(계급)이 權力(권력)을 掌握(장악)하게 된다.
(出處; 다음백과)

○共同經濟(공동경제)

社會主義(사회주의) 經濟體制(경제체제)의 特徵(특징)의 하나로, 經濟活動(경제활동)에 있어서 私的(사적)인 이윤획득동기(利潤獲得動機)를 不定(부정)하고 共同(공동)의 利益(이익)이 經濟活動(경제활동)의 目標(목표)가 되어 있는 經濟體制(경제체제).

資本主義(자본주의) 經濟體制(경제체제)하에서는 대부분의 經濟活動(경제활동)이 私的(사적)인 利潤追求(리윤추구)의 동기에 의하여 좌우되고 있는데 반해서, 社會主義(사회주의) 경제체제하에서는 자본주의경제의 茅盾(모순)이 利潤獲得動機(이윤획득동기)에서 발생하며 사유재산제도하에서만 나타나는

것이라는 이유에서, 사적인 利潤動機(이윤동기)를 부정하고 공동의 이익을 經濟活動(경제활동)의 목표로 하는 共同經濟(공동경제)를 그 특징의 하나로 하고 있다. (出處; 두산백과)

社會 主義라 띄어 썼다하여도 社會主義이듯 共同 經濟라 띄어썼다하여도 共同經濟이다.

◈自由經濟(자유경제)와 平等經濟(평등경제)의 長短點(장단점) 比較(비교).

토마스 모어의 經濟學說(경제학설)에 의하면 全體(전체) 유토피아 인들은 하루 6 시간 勞動(노동)을 하면 유토피아 인들의 生活必需品(생활필수품) 供給(공급)에 不足(부족)이 없다는 것이다. 이가 곧 平等經濟論(평등경제론)의 始初(시초)가 된다.

그 外(외)의 나라에서는 國民(국민) 반이 놀고 生活(생활)하기 때문에 이를 일부 勞動者(노동자)들이 메꾸기 위하여 時間外(시간외) 勞動(노동)을 하게 되나 놀고 먹는 富者(부자)들과 각종 聖職者(성직자) 거지떼 등 無勞動者(무노동자)들의 部分(부분)의 勞動(노동)을 채우기 위하여 勞動(노동)에 직접 참여자들이 더 많은 勞動(노동)을 强要(강요)받게 된다는 것이다.

●自由經濟(자유경제) 經濟(경제) 活動(활동)이 國家(국가)의 統制(통제)에 얽매이지 않고 각 經濟(경제) 單位(단위)의 創意(창의)에 맡겨지는 經濟(경제) 組織(조직).

○長點(장점);

個人(개인) 財産(재산) 所有(소유)가 自由(자유)이며 大體的(대체적)으로 努力(노력)에 따라 需要(수요)가 달라져 서로 競爭(경쟁)을 하게 된다. 고로 자연히 技術發達(기술발달)로 經濟力(경제력) 上乘(상승)으로 生産力(생산력)이 높아져 國民(국민) 所得(소득)이 올라 豊饒(풍요)로운 삶을 누리게 된다.

○短點(단점);

1. 貧富隔差(빈부격차)가 생긴다.
2. 價値觀(가치관)의 衝突(충돌)이 일어난다.

●平等經濟(평등경제)

平等經濟論(평등경제론)은 플라톤의 國家論(국가론)과 토마스 모어의 유토피아 說(설)이 1 世紀前(세기전)만 하여도 여러 學者(학자)들의 지지를 받는 經濟學說(경제학설)이었다.

現在(현재)는 國際共産主義(국제공산주의)가 무너져 宗主國(종주국)이었던 蘇聯(소련) 역시 自由經濟(자유경제)로 轉換(전환)되어 가고 있으며 다만 地球上(지구상)에서

唯一(유일)하게 남아 있다면 若干(약간)은 變質(변질)되어가고 있지만 北韓(북한)의 經濟體制(경제체제)를 들 수 있다.

個人(개인)보다 社會(사회)를 重視(중시)하는 經濟體制(경제체제)로 職種(직종)이나 勞力(노력) 能力(능력)에 關係(관계)없이 비슷한 賃金(임금)을 받는다,

○長點(장점);

1. 個人(개인) 보다 社會(사회)를 重視(중시)하는 까닭에 社會資産(사회자산)을 다루기 便(편)하다.
2. 모두 勞動(노동)에 參與(참여)하기 때문에 勞動時間(노동시간)이 적다.

○短點(단점);

1. 能力(능력)을 保有(보유)하였거나 어떻게 勞力(노력)을 하였건 賃金(임금)이 비슷하여 競爭力(경쟁력) 低下(저하)로 國家(국가) 發展(발전)에 沮害要所(저해요소)가 된다.
2. 個人(개인)보다 社會(사회)를 重要視(중요시)하는 까닭에 個人(개인)의 自由(자유)와 價値(가치)가 等閑視(등한시)되어 抑壓(억압)을 받게 된다.

◇同調(동조) 他主張一致的人(타주장일치적인). 步調(보조)를 맞춤. 남의 主張(주장)에 自己(자기)의 意見(의견)을 一致(일치)시킴.

●淸顧炎武詩; 秋絶無同調蓬飄久索居淮東三連城其北舊侯
○ 청 고 염 무 시; 추 절 무 동 조 봉 표 구색 거 회 동 삼 련 성기 북 구 후

府
부

◇懺悔(참회) 깊이 뉘우치고 마음을 착하게 고침. 過去(과거)의 罪惡(죄악)을 깨달아 뉘우쳐 고침. 罪惡(죄악)을 自覺(자각)하여 이것을 하느님 앞에 뉘우쳐 告白(고백)하는 일.

●奉法要; 每禮拜懺悔皆當至心歸命并慈念一切衆生願令悉
○ 봉 법 요 ; 매 례 배 참 회 개 당 지심 귀 명 병 자 념 일절 중 생 원령 실
得度脫
득 도 탈

●法苑珠林卷一百二; 積罪尤多今旣覺悟盡誠懺悔然懺悔之
○ 법 원 주 림 권일 백 이; 적 죄 우 다 금 기각 오 진 성 참회 연 참 회 지
儀須憑聖教教有大小罪有重輕通塞不同開遮有異是故第一廣
의 수 빙 성 교 교 유 대소 죄 유 중 경 통새 부 동 개 차유 이 시 고제 일 광
引聖教明懺成
인 성 교 명 참 성

◇悔罪(회죄) 悔恨自己罪過(회한자기죄과). 지은 罪(죄)를 뉘우침.

●淸史稿諸王傳一尙善; 聖朝寬大如輸誠悔罪應許自新毋蹈
○ 청 사 고 제 왕 전일 상 선 ; 성 조 관 대 여수 성 회 죄 응허 자 신 무 도
公孫述彭寵故轍赤族湛身爲世大僇
공 손 술 팽 총 고 철 적족 담 신위 세 대 륙

●警世通言金令史美婢酬秀童; 爾奏章中全無悔罪之言多是
○ 경 세 통 언 금 령사 미 비 수 수 동; 이 주 장 중 전 무 회 죄지 언 다 시
自誇之語已命雷部于卽焚燒汝屋蕩毁爾的家私我只爲感爾一
자 과 지 어 이 명 뢰 부우 즉 분 소여 옥 탕 훼 이적 가 사 아 지위 감 이 일

狗之惠求寬至十日上帝不允再三懇告已准到五日了
구 지 혜 구 관 지십 일 상 제 부윤 재 삼 간 고 이 준도 오 이 료

◇謝罪(사죄) 向人認錯請求原諒(향인인착청구원량). 지은 罪(죄)에 대하여 容恕(용서)를 빎. 자신이 지은 죄나 허물에 대하여 상대방에게 容恕(용서)를 빎. 자신의 실수로 피해를 입은 자에게 容恕(용서)를 구함.

●新書淮難; 淮南王來入赴千乘之君陛下爲頓顙謝罪皇太后
○ 신 서 회 난; 회 남 왕 래 입 부 천승 지 군 폐 하위 돈 상 사죄 황 태 후
之前淮南王曾不誚讓
지 전 회 남 왕 증부 초 양

●資治通鑑晉惠帝永宁元年; 帝自端門入升殿群臣頓首謝罪
○ 자 치 통 감 진 혜 제 영저 원 년 ; 제 자 단 문 입승 전 군 신돈 수 사 죄

◇悔改(회개) 追悔所犯錯誤加以改正(추회소범착오가이개정). 잘못을 뉘우치고 고침. 죄나 잘못을 뉘우치고 마음을 고쳐먹음.

●**山谷風烟第三十章; 因此无論查什**幺斗什幺**她**都一反常態
○ 산 곡 풍 연 제 삼 십 장; 인 차 무 론 사 십 요 두 십 요저 도 일 반 상 태
表示誠心的人罪和悔改
표 시 성 심 적 인죄 화회 개

●臨川吳子善墓志銘; **其**弟終感悟悔改爲善士以文學名於世
○ 임 천 오 자 선묘 지 명 ; 기 제 종 감 오 회 개 위선 사 이 문학 명 어 세
此待其弟乃爾若於他人則絕口不涉其非然里中少年聞其謦欬
차 대 기 제 내 이 약 어타 인 즉절 구 부 섭 기 비 연 리 중소 년 문기 성 해
之音往往逃匿若匿不及則俯首恐愧
지 음 왕 왕 도 닉 약 닉부 급 즉 부 수 공 괴

◇度量(도량) 思量(사량). 너그러운 마음과 깊은 생각. 일을 알고 잘 다루는 稟性(품성).

●管子形勢解; 善視其馬節其飮食度量馬力審其足走故能取
○ 관 자 형 세 해; 선 시 기 마 절 기 음 식 도 량마 력 심 기 족 주고 능 취
遠道而馬不罷
원 도 이 마 불 파

●漢書鼂錯傳; 愚臣不自度量竊爲陛下惜之昧死上狂惑草茅
○ 한 서 조 착 전; 우 신 불 자 도 량 절 위 폐 하 석지 매 사 상 광혹 초 모
之愚臣言惟陛下財擇時賈誼已死對策者百餘人唯錯爲高第繇
지 우 신 언 유폐 하 재 택 시 가 의이 사 대 책 자 백 여인 유 착 위 고 제 요
是遷中大夫
시 천 중 대 부

◇雅量(아량) 氣度宏大(기도굉대). 깊고 너그러운 度量(도량). 包容力(포용력).

●答覽淄侯箋; 若乃不忘經國之大美流千載之英聲銘功景鍾
○ 답 람 치 후 전; 약 내 불 망 경국 지 대 미 류 천 재지 영 성 명 공 경 종
書名竹帛斯自雅量素所畜也豈與文章相妨害哉輒受所惠竊備
서 명 죽 백 사 자 아 량소 소 축 야 기여 문 장 상 방 해재 첩 수 소 혜 절 비
蒙瞍誦咏而已季緖璅璅
몽 수 송 영 이 이계 서 소 소

●移居公安贈衛大郞鈞詩; 雅量涵高遠淸襟照等夷平生感意
○ 이 거 공 안 증 위 대 랑균 시; 아 량 함 고 원 청 금 조 등 이 평 생 감 의
氣少小愛文辭河海由來合風雲若有期形容勞宇宙質樸謝軒墀
기 소 소 애 문사 하 해 유 래 합 풍 운약 유 기 형 용 로우 주 질 박사 헌 지
自古幽人泣流年壯士悲
자 고 유 인 읍 류 년 장 사 비

◇容恕(용서) 包容(포용) 寬恕(관서)

寬容(관용)을 베풀어 罰(벌)하지 않음. 相對方(상대방)의 허물이나 過失(과실)을 눈감아 줌. 또는 그 責任(책임)을 免除(면제)해 주거나, 關係(관계)를 回復(회복)시켜 줌. 꾸짖지 아니함.

●後漢書張敏傳; 夫死生之決宜從上下猶天之四時有生有殺
○ 후 한 서 장 민 전; 부 사 생 지 결 의 종 상 하 유천 지 사 시 유생 유 살
若開相容恕著爲定法者則是故設奸萌生長罪隙
약 개 상 용 서 저 위 정법 자 즉 시고 설 간 맹 생장 죄 극

●金安壽第三折; 據情理難容恕論所爲忒狠毒忍不住我怒氣
○ 금 안 수 제 삼 절; 거 정 리 난 용 서 론소 위 특 한 독 인 부 주 아 노 기
夯胸脯身體前面頸部以下腹部以上的部位
항 흉 포 신 체 전 면 경부 이 하 복 부이 상 적 부위

◇清算(청산) 列擧全部罪惡或錯誤幷做出相應的處理(열거전부죄악혹착오병주출상응적처리). 過去(과거)의 關係(관계), 主義(주의), 思想(사상), 過誤(과오) 등을 깨끗이 씻어버림.

①徹底計算(철저계산) 徹底(철저)하게 計算(계산)한다.

●手的故事; 我們要和二老板清算公款
○ 수 적 고 사; 아 문 요 화 이노 판 청 산 공 관

②列擧全部罪惡或錯誤幷做出相應的處理(열거전부죄악혹착오병주

출상응적처리)

③猶清理(유청리) 整理(정리), 處理(처리), 淸算(청산)과 같음.

●本草正義麦冬;且肺癰爲痰濁與氣火交結咯吐臭穢或多膿血
○ 본 초 정 의 맥 동; 차 폐 옹위 담 탁 여기 화 교 결 각토 취 예 혹 다 농혈
宜淸宜降零無投以滋膩之理卽使如法淸理火息痰淸咳吐大減
의 청 의 강 령 무 투 이 자니 지 리 즉 사 여법 청 리 화 식담 청 해 토 대감
肺氣已呈虛弱之象猶必以淸潤爲治誤與膩補痰咳卽盛餘焰復
폐 기 이 정 허 약 지상 유 필 이 청 윤 위치 오 여 니 보담 해 즉 성 여염 복
張又臨證以來之歷歷可據而肺痿爲肺熱葉焦之病若但言理法
장 우 림 증 이 래 지 력력 가 거 이 폐 위 위폐 열 엽 초 지 병약 단 언 리법
自必以補肺爲先務然氣虛必咳咳必迫火上升而胃中水穀之液
자 필 이 보 폐 위 선 무 연기 허 필 해 해필 박 화 상승 이 위 중 수 의지 액
卽因而亦必爲痰濁故肺雖痿矣亦必痰咳頻仍咯吐不已惟所吐
즉 인 이 역 필 위 담 탁고 폐 수 위 의 역필 담 해 빈 잉 각토 부 이 유소 토
者多涎沫而非穢濁之膿痰是亦止宜淸養肺氣漸理其煉金之火
자 다 연 말 이 비 예 탁지 농 담 시 역지 의 청 양 폐 기 점리 기 련 김지 화)

1. 平治(평치) 나라를 太平(태평)하게 다스림.

●史記秦始皇本紀; 皇帝春游覽省遠方逮于海隅遂登之罘昭
○ 사 기 진 시 황본 기 ; 황 제 춘 유 람 성 원 방체 우 해 우 수 등 지 부 소
臨朝陽觀望廣麗從臣咸念原道至明
림 조 양 관 망 광 려 종신 함념 원 도 지 명

2. 徹底整理或處理(철저정리혹처리) 徹底(철저)하게 整理(정리)하고 處理(처리)한다.

●書信集致黎烈文; 近來所負筆債甚多仳稍稍淸理然后閉門
○ 서 신 집 치 려렬 문 ; 근 래 소 부 필 채 심다 비 초 초 청 리 연후 폐 문

思過革面洗心再一嘗試其時恐當在六月中旬矣
사 과 혁 면 세 심 재 일상 시 기 시 공당 재 륙 월 중순 의

3. 明于事理懂得道理(명우사리동득도리) 事物(사물)의 理致(이치)도 잘 알고 사람이 마땅히 행해야 할 바른길 亦是(역시) 잘 理解(이해)하고 있다.

●後漢書靈帝紀; 高雅奇偉達見淸理行不苟合言不誇此異士
○ 후 한 서 영제 기 ; 고 아 기 위 달 견 청 리 행 부구 합 언 불과 차 이 사
也
야

●陳書周宏正傳; 年十歲通老子周易捨每與談論輒異之曰觀
○ 진 서 주 굉정 전 ; 년 십 세 통 노 자 주 역 사매 여 담 론 첩이 지 왈 관
汝神情穎晤淸理警發後世知名當出吾右
여 신 정 영 오 청 리 경발 후 세 지 명당 출 오 우

◇寬貸(관대) 寬恕(관서). 너그럽게 容恕(용서)함. 寬容(관용)하다. 罪(죄)나 허물 따위를 너그럽게 용서함.

●後漢書順帝紀; 惟閻顯江京近親當伏辜誅其餘務崇寬貸
○ 후 한 서 순제 기 ; 유 염 현 강 경 근 친 당 복고 주 기 여무 숭 관 대
●綵毫記預識汾陽; 西征之役實是抱病不前元非臨陣退縮部
○ 채 호 기 예 식분 양 ; 서 정 지 역 실 시 포병 부 전 원 비 림진 퇴 축 부
下三百人匍匐保救見在門首望乞元帥寬貸
하 삼 백 인 포 복보 구 견 재 문 수망 걸 원 수관 대

◇寬容(관용) 너그럽게 容恕(용서)하고 容納(용납)함. 마음이 넓어 남의 말을 너그럽게 받아들이거나 容恕(용서)함.

①容忍(용인) 寬容(관용)하여 참음. 너그러운 마음으로 참음. 참고 용서하다. 참고 견디다. 허용하다. 용인하다.

●莊子天下; 常寬容於物不削於人可謂至極似優容反偏狹苛
○ 장 자 천 하; 상 관 용 어 물 부 삭 어인 가 위 지 극사 우 용 반 편 협 가
刻嚴厲嚴格寬恕
각 엄 려 엄 격 관 서

●後漢書傳燮傳; 陛下仁德寬容多所不忍故閹豎弄權忠臣不
○ 후 한 서 전 섭 전; 폐 하 인 덕 관 용 다 소 부인 고 엄 수 롱 권충 신 부
進誠使張角梟夷黃巾變服臣之所憂甫益深耳
진 성 사 장 각 효 이 황건 변 복 신 지 소우 보 익심 이

②包容(포용) 度量(도량)이 넓어 타인의 잘못을 싸덮어 줌. 組織(조직)의 안정과 存續(존속)에 威脅(위협)을 주는 外部(외부) 勢力(세력)을 除去(제거)하기 위한 手段(수단)으로, 組織(조직)의 指導層(지도층)이나 政策決定(정책결정) 過程(과정)에 그러한 潛在的(잠재적) 威脅(위협) 勢力(세력)을 도리어 吸收(흡수)함.

●宋書鄭鮮之傳; 我本無術學言義尤淺比時言論諸賢多見寬
○ 송 서 전 선 지 전; 아 본 무술 학 언 의 우 천비 시 언 론 제 현다 견 관
容唯鄭不爾獨能盡人之意甚以此感之
용 유 정 부 이 독 능진 인 지 의 심이 차 감 지

●風箏誤拒奸; 爾不從就罷了何須告訴母親待我陪个不是求
○ 풍 쟁 오 거 간; 이 불 종 취 파료 하 수 고 소 모 친대 아 배 개 부 시 구
爾寬容了罷
이 관 용 료 파

◇容納(용납) 包容受納(포용수납). 너그러운 마음으로 容恕(용서)함. 너그러운 마음으로 남의 言行(언행)을 받아들임

●晉紀總論; 高祖宣皇帝性深阻有如城府而能寬綽以容納城
○ 진 기 총 론; 고 조 선 황 제 성 심 조 유 여 성부 이 능 관 작 이 용납 성
府是遇事沉得住氣不輕易動怒發脾氣不讓人隨便看出自己的
부 시 우 사 침 득주 기 부경 역 동 노 발 비 기 부 양 인수 편 간 출 자 기 적
心思心眼是多思多想找到辦法的能力
심 사 심 안 시 다 사다 상 조 도판 법 적 능 력
●唐語林政事上; 韋貫之裨贊朝略未嘗有私性沈厚容納進退
○ 당 어 림 정사 상 ; 위 관 지 비 찬 조 략 미 상 유사 성 심 후 용 납진 퇴
情理而士大夫親昵交友莫能知者
정 리 이 사 대 부 친 닐교 우 막 능 지 자

◇容恕(용서) 包容(포용). 寬恕(관서). 寬容(관용)을 베풀어 벌하지 않음. 상대방의 허물이나 과실을 눈감아 줌. 또는 그 책임을 면제해 주거나, 관계를 회복시켜 줌.

●後漢書張敏傳; 夫死生之決宜從上下猶天之四時有生有殺
○ 후 한 서 장 민 전; 부 사 생 지결 의 종 상 하유 천 지 사 시 유 생 유 살
若開相容恕著為定法者則是故設姦萌生長罪隙
약 개 상 용 서 저 위 정법 자 즉 시 고 설간 맹 생장 죄 극
●金安壽第三折; 據情理難容恕論所爲忒狠毒忍不住我怒氣
○ 금 안 수 제 삼 절; 거 정 리 난용 서 론 소위 특 한 독 인 부 주 아노 기
夯胸脯
항 흉 포

◇卑怯(비겁) 하는 짓이 正當(정당)

하지 못하고 野鄙(야비)함. 卑劣(비열)하고 겁이 많음. 사람됨이 壅拙(옹졸)하고 겁이 많음.

●烟云五; 我的自殺是逃避是卑怯
○ 연 운 오 ; 아 적 자 살 시 도 피시 비 겁

◇野鄙(야비) **野卑(야비). 俗(속)되고 천함. 성질이나 행동이 教養(교양)이 없고 鄙陋(비루)함.**

①指村野(지촌야) **시골의 마을과 들. 촌스럽다고 손가락질 함.**

●晏子春秋雜下十二; 君之內隸臣之父兄若有離散在于野鄙
○ 안 자 춘 추 잡 하 십이 ; 군 지 내 예 신 지 부 형 약 유리 산 재 우 야 비
此臣之罪也張純一校注隶屬也
차 신 지 죄 야 장 순 일교 주이 속 야
●呂氏春秋行論; 楚莊王使文無畏於齊過於宋不先假道還反
○ 여 씨 춘 추 행 론; 초 장 왕 사 문 무 외 어 제과 어 송 부 선가 도 환 반
華元言於宋昭公曰往不假道來不假道是以宋爲野鄙也楚之會
화 원 언 어 송 소 공 왈왕 부 가 도래 부 가 도 시 이송 위 야 비 야초 지 회
田也故鞭君之僕於孟諸
전 야 고 편 군 지 복어 맹 제

②粗野鄙陋(조야비루) **사람의 됨됨이가 賤(천)하고 상스러움. 行動(행동)이나 性質(성질)이 더럽고 추저분함.**

●韓詩外傳卷一; 孔子南游適楚至於阿穀之隧有處子佩璜而
○ 한 시 외 전 권일 ; 공 자 남 유 적 초 지 어아 곡 지 수 유 처 자패 황 이

浣者孔子曰彼婦人其可與…婦人對曰吾野鄙之人也僻陋而無
완 자 공 자 왈 피 부 인기 가 여… 부 인 대 왈 오야 비 지 인 야벽 루 이 무
心五音不知安能調琴
심 오 음 부 지 안 능조 금
●夷堅丙志九圣奇鬼; 神將又言堯舜在天爲左右相文王典樞
○ 이 견 병 지 구 골 기귀 ; 신 장 우 언 요 순 재 천위 좌 우 상 문왕 전 추
密孔子居翰苑其語多野鄙可笑
밀 공 자 거 한 원 기 어다 야비 가 소

◇低姿勢(저자세) 相對(상대)에게 눌려 굽신거리는 姿勢(자세).

●九思怨上; 進惡兮九旬退顧兮彭務擬斯兮二蹤未知兮所投
○ 구 사 원 상; 진 악 혜 구 순 퇴고 혜 팽 무 의 사혜 이 종 미 지혜 소 투
謠吟兮中野上察兮璇璣大火兮西睨攝提兮運低雷霆兮硠礚雹
요 음 혜 중 야 상 찰 혜선 기 대 화혜 서 예 섭 제 혜 운저 뢰 정 혜 랑 개 박
霰兮霏霏奔電兮光晃涼風兮愴悽
산 혜 비 비 분 전 혜 광황 량 풍혜 창 처

◇屈從(굴종) 屈意順從(굴의순종). 제 뜻을 굽혀 服從(복종)함.

●後漢書文苑列傳張升; 升少好學多闕覽而任情不羈其意相
○ 후 한 서 문 원 열 전장 승 ; 승 소 호 학 다 관 람이 임 정 부기 기 의 상
合者則傾身交結不問窮賤如乖眞志好者雖王公大人終不屈從
합 자 즉 경 신 교 결 부문 궁 천 여 괴진 지 호 자 수 왕공 대 인 종부 굴 종
●魏書李彪傳; 其所欲者事雖非理無不屈從依事求實悉有成
○ 위 서 이 표 전; 기 소 욕 자 사수 비 리 무 부굴 종 의 사 구 실실 유 성
驗如臣列得實宜殛彪于有北
험 여 신 렬 득 실 의 극표 우 유 북

◇服從(복종) 他(타)의 명령 의사에 굴

종함. 자신의 의사와는 상관 없이 권위 있는 타인의 명령이나 의사를 그대로 따름.

●禮記內則; 四十始仕方物出謀發慮道合則服從不可則去(孫
○ 예 기 내 칙; 사 십 시 사 방 물 출 모 발 려 도 합 즉복 종 불 가 즉 거(손
希旦集解; 服從謂服其事而從君也)
희 단 집 해; 복 종 위 복 기사 이 종 군 야)

●商君書畫策; 得天下者先自得者也能胜强敌者先自胜者也
○ 상 군 서 화 책; 득 천 하 자 선 자 득 자 야 능성 강 활 자 선자 성 자 야
圣人知必然之理必爲之時勢故爲必治之政戰必勇之民行必听
골 인 지 필 연 지 리 필위 지 시세 고 위 필 치 지 정 전필 용 지 민행 필 은
之令是以兵出而無敵令行而天下服從
지 령 시 이 병 출 이무 적 령 행이 천 하 복 종

◈國防(국방) 爲保衛國家領土主權所采取的軍事及其它方面的防御措施(위보위국가영토주권소채취적군사급기타방면적방어조시). 外敵(외적)에 대한 自國(자국)의 防衛(방위). 敵國(적국)이나 內部(내부)의 侵略(침략)에 對應(대응)하기 위하여 國家(국가)가 마련하는 일련의 사상·제도 및 방위활동.

●詩經卷耳; 閨閫誠難與國防默嗟徒御困高岡冈觥罍欲解痡
○ 시 경 권 이; 규 곤 성 난 여 국 방묵 차 도 어 곤고 강 강 굉 뢰 욕 해 부
瘏恨采耳元因备酒浆作者頭像卷耳解張載介紹西晉文学家
도 한 채 이 원 인 비 주장 작 자 두 상 권이 해 장 재개 소 서 진 문학 가

●新民說十四; 若無國防則國難屢起民将不得安其業可見國
○ 신 민 설 십 사; 약 무 국 방즉 국 난 루 기 민 장부 득 안 기 업가 견 국
防不僅僅是國家的事情更是國家里每位大小人物的事情
방 부 근 근 시 국 가 적사 정 경 시국 가 리 매 위대 소 인 물 적 사 정

◇國賊(국적) 危害國家(위해국가). 나라를 어지럽히고 危害(위해)한 者(자). 나라를 망친 逆賊(역적).

●後漢書橋玄傳; 玄少子十歲獨游門次卒有三人持杖劫持之
○ 후 한 서 교 현 전; 현 소 자 십 세 독유 문 차졸 유 삼 인지 장 겁 지 지
入舍登樓就玄求貨玄不與…瞋目呼曰姦人無狀玄豈以一子之
입 사 등 루 취 현 구 화현 불 여… 진 목 호 왈 간 인무 상 현 기이 일 자 지
命而縱國賊乎
명 이 종 국 적 호

●荀子臣道; 謂之順从命而不利君謂之諂逆命而利君謂之忠
○ 순 자 신 도; 위 지 순 종 명 이부 리 군 위 지 첨역 명 이 리 군위 지 충
逆命而不利君謂之簒不邺君之榮辱不恤國之臧否偷合苟容以
역 명 이 부 리 군 위 지찬 불 휼 군 지 영욕 부 휼 국지 장 부 투 합구 용 이
持禄養交而已耳謂之國賊
지 록 양 교 이 이 이위 지 국 적

◇主敵(주적) 第一(제일)의 敵(적).

●UN 가입 회원국 중 우리 대한민국의 主敵(주적; 제일적)은 어느 나라일까? 讀者(독자) 스스로 판단 하기 바람.

◇副敵(부적) 第二(제이)의 敵(적).

●UN 가입 회원국 중 우리 대한민국의 副敵(부적; 제이적)은 어느 나라일까? 讀者(독자) 스스로 판단 하기 바람.

◇國恥(국치) 國家所蒙受的恥辱(국가소몽수적치욕). 나라의 羞恥(수치). 國辱(국욕).

●禮記哀公問; 孔子遂言曰內以治宗廟之禮足以配天地之神
○ 예 기 애 공 문; 공 자 수 언 왈 내 이 치 종 묘지 례 족 이 배 천 지지 신
明出以治直言之禮足以立上下之敬物恥足以振之國恥足以興
명 출 이 치 직 언 지 례족 이 립 상 하지 경 물 치 족이 진 지 국 치족 이 흥
之爲政先禮
지 위 정 선 례

●後漢書劉虞傳; 今天下崩亂主上蒙塵吾被重恩未能淸雪國
○ 후 한 서 유 우 전; 금 천 하 붕 란 주상 몽 진 오피 중 은 미능 청 설 국
恥諸君各據州郡宜共戮力盡心王室而反造逆謀以相垢誤邪固
치 제 군 각 거 주 군의공 륙 력 진 심 왕 실 이 반 조 역모 이 상 구 오 사 고
拒之馥等又請虞領尙書
거 지 복 등 우 청우 령 상 서

◇國益(국익) 國家(국가)의 利益(이익).

◇適者生存(적자생존) 生存競爭(생존경쟁)의 결과 상대보다 優越(우월)하여야 살아 남는다.

①適者(적자) 適應(적응)한 사람. 적당(適當)한 사람.

●禮記雜記上; 大夫計於同國適者曰某不祿計於士亦曰某不
○ 예 기 잡 기 상; 대 부 부 어 동 국 적자 왈 모 부록 부 어 사 역왈 모 부
祿計於他國之君曰君之外臣寡大夫某死計於適者曰吾子之外
록 부 어 타 국 지군 왈군 지 외 신 과 대 부 모 사부 어 적 자 왈 오자 지 외
私寡大夫某不祿使某實
사 과 대 부 모 부록 사 모 실

②生存(생존) 끝까지 살아 남음. 生命(생명)을 維持(유지)하고 있음.

1. 活着(활착) 뿌리를 내려 살아남.

●說苑尊賢; 而求逮前人也太公知之故擧微子之後而封比干
○ 설 원 존 현; 이 구 체 전 인 야 태공 지 지 고 거미 자 지후 이 봉 비 간
之墓夫聖人之於死尙如是厚也況當世而生存者乎
지 묘 부 성 인 지 어 사상 여 시후 야 황 당 세 이생 존 자 호
●續古文辭類纂序; 古人選文不錄生存杜標榜也
○ 속 고 문 사 류 찬 서; 고 인 선 문 불 록 생 존두 표 방 야

2. 存在(존재) 거기 또는 현실에 있다고 생각되는 그 것. 現存(현존)하여 있음.

●懲罰二; 如果我們這些人能用鮮血和生命換來民族永久的
○ 징 벌 이 ; 여 과 아 문 저 사 인능 용 선 혈 화생 명 환 래 민족 영 구 적
生存換來勞動人民的解放那就是我們最大的光榮
생 존 환 래 노동 인 민적 해 방 나 취 시 아 문 최대 적 광 영

◇自主(자주) 自己作主不受別人支配(자기작주불수별인지배). 타의 보호나 지배를 받지 않고 독립적으로 행함. 自己(자기)에 關(관)한 일은 自己(자기)의 힘으로 다스림. 自主權(자주권)을 가지는 일.

●風箏誤凱宴; 學生因先君早喪蒙戚辅臣老伯抚養成人如今
○ 풍 쟁 오 개 연; 학 생 인 선 군 조 상 몽 척 보신 로 백 무 양성 인 여 금
婚姻一事不能自主
혼 인 일 사 부능 자 주
●聊齋志爾; 爾日洞庭舟上曾有小魚啣尾卽此婢也又問旣不
○ 료 재 지 이; 이 일 동 정 주 상 증 유 소 어 함미 즉 차 비야 우 문 기 부
見誅何遲遲不賜縱脫笑曰實憐君才但不自主顚倒終夜他人不
견 주 하 지 지 부사 종 탈 소 왈 실련 군 재 단 부 자 주 전 도종 야 타인 부
及知也生歎曰卿我鮑叔也餽食者誰
급 지 야 생 탄 왈 경아 포 숙 야 궤식 자 수

◇**防衛(방위)** 敵(적)의 공격(攻擊)을 막아서 지킴. 외부로부터의 威脅(위협)이나 侵略(침략)에 대해 軍事力(군사력)으로 이를 抑制(억제) 또는 豫防(예방) · 排除(배제)하여 國家(국가)의 生存(생존)을 保全(보전)하는 일.

●詣闕自理表; 及經山陰防衛彰赫彭排馬槍斷截衢巷偵邏縱
○예궐자리표; 급경산음방위창혁팽배마창단절구항정라종
橫戈甲竟道不知微臣罪爲何事及見歺雖曰見亮而裝防如此唯
횡과갑경도부지미신죄위하사급견알수왈견량이장방여차유
有罔懼臣昔忝近侍豫蒙天恩若其罪跡炳明文字有証非但顯戮
유망구신석첨근시예몽천은약기죄적병명문자유정비단현륙
司敗以正國典普天之下自無容身之地
사패이정국전보천지하자무용신지지

●母親; 他時時都不忘記防衛自己他豫備着厲害的回擊那些
○모친; 타시시도불망기방위자기타예비착려해적회격나사
敢來侵犯他的人
감래침범타적인

◇**防禦(방어)** 남 또는 敵(적)의 침노(侵擄)하는 것을 막아냄. 敵(적)의 攻擊(공격)에 대해서, 可用(가용)의 모든 手段(수단)과 方法(방법)을 利用(이용)하여 妨害(방해) · 底止(저지) · 擊退(격퇴) 또는 擊滅(격멸)하는 戰鬪手段(전투수단).

●呂氏春秋論人; 賢不肖異皆巧言辯辭以自防禦此不肖主之
○여씨춘추론인; 현불초이개교언변사이자방어차부초주지

所以亂也凡論人通則觀其所禮貴則觀其所進富則觀其所養聽
소 이 란 야 범 론 인 통즉 관 기 소 례 귀 즉관 기소 진 부 즉 관기 소 양 청
則觀其所行止則觀其所好習則觀其所言窮則觀其所不受賤則
즉 관 기 소 행 지 즉관 기 소 호 습 즉관 기 소 언 궁즉 관 기 소 부수 천 즉
觀…八觀六驗此賢主之所以論人也
관 … 팔 관 륙 험차 현 주 지 소 이론 인 야

●咨總督都御史胡; 先是貴院會同本司具題用銀一萬兩募山
○ 자 총 독 도 어 사 호; 선 시 귀 원 회동 본 사 구 제용 은 일 만 양모 산
東兵三千至江南防御
동 병 삼 천 지 강 남 방 어

◇防備(방비) 侵入(침입)이나 被害(피해)를 미리 막아서 지키는 設備(설비)나 手段(수단).

●後漢書和帝紀; 先帝卽位務休力役然猶深思安不忘危探觀
○ 후 한 서 화 제 기; 선 제 즉 위무 휴 력 역 연 유심 사 안 부 망위 탐 관
舊典復收鹽鐵欲以防備不虞寧安邊境
구 전 복 수 염 철욕 이 방 비 부 우녕 안 변 경

◇戰力(전력) 戰鬪能力(전투능력). 싸우는 힘. 國家(국가)가 戰爭(전쟁)을 修行(수행)하기 위하여 동원 할 수 있는 總體的(총체적)인 力量(역량).

●後漢書朱景王杜等傳論; 若乃王道旣衰降及霸德猶能授受
○ 후 한 서 주 경 왕 두 등전 론; 약 내 왕 도기 쇠 강 급 패 덕 유능 수 수
惟庸勳賢兼序如管隰之迭升桓世先趙之同列文朝可謂兼通矣
유 용 훈 현 겸 서여 관습 지 질 승 환 세 선 조 지 동렬 문 조 가 위겸 통 의
降自秦漢世資戰力至於翼扶王運皆武人屈起
강 자 진 한 세 자 전 력지 어 익 부왕 운 개 무 인굴 기

●吳越大旱詩; 復聞藉兵民驅以教戰力吳儂水爲命舟楫乃其
○ 오 월 대 한 시; 복 문 자 병 민구 이 교 전력 오 농 수 위 명 주즙 내 기
職金革戈盾
직 금 혁 과 순

◇戰敗(전패) 戰爭中失敗(전쟁중실패). 敗戰(패전). 戰爭(전쟁)에서 敗北(패배)함.

●戰國策魏策; 梁君田侯恐其至而戰敗也悉起兵從之大敗趙
○ 전 국 책 위 책; 량 군 전 후 공기 지 이 전패 야 실 기 병 종지 대 패 조
氏近敗北反打敗戰勝打敗戰勝
씨 근 패 북 반 타패 전승 타 패 전 승
●史記陳涉世家; 齊王曰聞陳王戰敗不知其死生楚安得不請
○ 사 기 진 섭 세가 ; 제 왕 왈 문진 왕 전 패 부지 기 사 생 초 안득 부 청
而立王
이 립 왕

◇友邦(우방) 與本國友好的國家(여본국우호적국가). 友好國(우호국). 서로 親交(친교)가 있는 나라. 가까이 사귀는 나라. 서로 友好的(우호적) 關係(관계)를 맺고 있는 親(친)한 나라.

●書經周書泰誓上; 王曰嗟我友邦冢君越我御事庶士明聽誓
○ 서 경 주 서 태 서상 ; 왕 왈 차 아 우 방 총 군 월 아 어 사서 사 명 청 서
惟天地萬物父母惟人萬物之靈亶聰明作元后元后作民父母今
유천 지 만 물 부 모 유 인 만 물 지령 단 총 명 작원 후 원 후 작 민 부모 금
商王受弗 敬上天降災下民沈緬冒色敢行暴虐罪人以族官人以
상 왕 수 불 경 상 천 강 재 하민 침 면 모 색 감 행 폭 학 죄 인이 족 관 인 이
世惟宮室台榭陂池侈服以殘害于爾萬姓焚炙忠良刳剔孕婦皇
세 유 궁 실 태 사 피 지 치 복 이 잔 해우 이 만 성 분 자 충량 고 척 잉 부 황

天震怒命我文考肅將天威大勛未集
천 진 노 명 아 문고 숙 장 천 위 대 훈 미집

◇戰勝(전승) 在戰爭中取勝(재전쟁중취승). 戰鬪(전투)에서 勝利(승리)함.

●水經注陽沟水; 俱東絕濟隧右瀆東南徑陽武城北東南絕長城徑安亭北又東北會左瀆左瀆又東絕長城逕垣雍城南昔晉文公戰勝于楚周襄王劳之于此
○ 수 경 주 양 구 수; 구 동 절 제 수 우 독 동 남 경양 무 성 북 동남 절 장 성 경 안 정 북 우 동 북회 좌 독좌 독 우 동 절 장 성경 원 옹 성 남석 진 문 공 전 승 우 초주 양 왕 로 지 우 차

●史記陳丞相世家; 遂會諸侯於陳盡定楚地還至雒陽赦信以爲淮陰侯而與功臣剖符定封於是與平剖符世世勿絶爲戶牖侯平辭曰此非臣之功也上曰吾用先生謀計戰勝剋敵非功而何
○ 사 기 진 승 상 세가; 수 회 제 후 어 진 진 정초 지 환 지 락양 사 신 이 위 회 음 후 이 여공 신부 부 정 봉 어 시 여 평 부부 세 세 물 절 위호 유 후 평 사 왈 차 비 신 지 공야 상 왈 오 용 선생 모 계 전승 극적 비 공 이 하

◇原水爆(원수폭) 소유가 살길.

●大韓民國(대한민국)이 영원히 지구상에서 존재하는 길은 原子(원자) 水素爆彈(수소폭탄)의 開發(개발) 所有(소유)만이 平和(평화) 安寧(안녕)을 保障(보장)받을 수 있다. 언제까지나 外勢(외세)가 保障(보장)해 주겠는가.

우리의 技術(기술)과 經濟力(경제력)으로 보아 決定(결정)만 되면 短時日(단시일) 內(내)에 開發(개발) 保有(보유)할 수 있다. 돌을 던진 者(자)에게는 돌 이상으로 맞서야 간신히 勝利(승리)가 確認(확인)되는 것 아니겠는가.

北韓(북한)이 外面上(외면상) 主張(주장)은 美國(미국)에 對抗(대항)하기 위한 手段(수단)으로 原爆(원폭)과 미사일

을 開發(개발) 保有(보유)할 수밖에 없다고 主張(주장)하나 이는 語不成說(어불성설)로 어찌 美國(미국)에 비하면 한 줌도 못되는 小國(소국)이 어떠한 手段(수단)으로도 감히 美國(미국)과 對抗(대항)할 수 있겠는가. 이는 基礎的(기초적) 計算(계산)으로도 6.25의 延長線上(연장선상)에서 百姓(백성)을 굶겨 죽이면서까지 開發(개발) 南韓(남한) 赤化統一(적화통일)의 手段(수단)으로 戰略的(전략적) 優位(우위)를 占(점)함으로서 그 時期(시기)를 앞당기려는 手段(수단)이 아니겠는가,

美國(미국)이 萬若(만약) 國境(국경)을 접한 이웃 나라에서 原子彈(원자탄)을 開發(개발) 保有(보유) 중이라면 어떻게 數十年間(수십년간)의 開發(개발) 過程(과정)을 미적지근하게 對處(대처)하고 있었겠는가. 現在(현재)는 어렴풋하나마 韓國人(한국인)의 生命(생명)을 지켜주기 보다는 美國(미국) 優先主義(우선주의)로 政策(정책)이 바뀌어 지고 있지 않은가 한다.

내집은 내가 지켜야지 이웃에게 지켜주기를 企待(기대)하는 어리석음은 低能的(저능적) 思考方式(사고방식)이다.

萬若(만약) 開發費用(개발비용)이 不足(부족)하다면 지난날 經濟危機(경제위기) 克復(극복)의 手段(수단)으로 金(금) 모으기 運動(운동)에 全國民(전국민)이 自發的(자발적) 參與(참여)로 結婚斑指(결혼반지)까지 빼내는 國民性(국민성)의 보유국이다. 그와 類似(류사)한 運動(운동)을 펼친다면 開發資金(개발자금) 調達(조달)은 念慮(염려)치 않게 될 것이다.

現(현) 狀況下(상황하)에서 核開發(핵개발)의 當爲性(당위성)을 表面化(표면화) 시켜 北韓(북한)의 騰騰(등등)한 氣

勢(기세)를 잠재우고 美國(미국)이 韓半島(한반도) 非核化(비핵화) 實行(실행) 速度(속도)를 加重(가중)시켜 北核除去(북핵제거)에 積極的(적극적) 政策(정책)을 樹立(수립)시키는 刺戟劑(자극제) 役割(역할)이 되기도 할것이다.

돌에는 돌, 떡에는 떡 아닌가. 열흘 굶은 者(자)는 못할 짓이 없듯이 아무리 經濟力(경제력)이 50배 以上(이상)이라 하여도 原爆(원폭) 아래서는 別無所用(별무소용)으로 하루 아침에 잿더미화 되니 실든 좋든 굽신거릴 수밖에 없게 된다. 어리석게 불바다를 뒷짐지고 기다리고 있을 것인가. 누구에게나 생명은 하나뿐이다.

◈親(친) **親(친)하다. 가깝다. 사랑하다. 가까이하다. 사이 좋다.**

①親愛(친애) **親密(친밀)하게 사랑함. 親密感(친밀감)을 가지고 所重(소중)히 여기는 것.**

●孟子集註滕文公上; 孟子曰夫夷子信以爲人之親其兄之子
○ 맹 자 집 주 등 문공 상 ; 맹 자 왈 부 이 자 신이 위 인 지 친기 형 지 자
爲若親其鄰之赤子乎彼有取爾也(趙岐注; 親愛也)
위 약 친 기 린 지 적 자호 피 유 취이 야 (조 기 주 ; 친 애 야)

●後漢書寇恂傳; 耿府君在上谷久爲吏人所親今易之得賢則
○ 후 한 서 구 순 전; 경 부 군 재 상 곡 구위 리 인 소 친 금 역 지득 현 즉
造次未安不賢則秖更生亂
조 차 미 안 부 현 즉 지경 생 란

②和睦(화목) **뜻이 맞고 정다움. 서로 뜻이 맞으며, 정답고, 하나가 됨.**

●書經堯典; 克明俊德以親九族九族既睦平章百姓百姓昭明
○ 서 경 요 전; 극 명 준 덕 이친 구 족 구 족기 목 평 장 백 성백 성 소 명
協和萬邦黎民於變時雍(孔穎達疏; 睦卽親也)
협 화 만 방 려 민 어 변시 옹(공 영 달 소 ; 목 즉 친 야)

③親近親密(친근친밀) 지내는 사이가 아주 가깝고 친함. 썩 親(친)하여 사이가 버성기지 않음.

●周易乾卦; 本乎天者親上本乎地者親下則各從其類也對這
○ 주 역 건 괘; 본 호 천 자 친 상 본호 지 자 친 하즉 각 종 기 류야 대 저
個講法也不一樣(孔穎達疏; 大司徒云動物植物本受氣於天者
개 강 법 야 부일 양 (공 영 달 소; 대 사 도 운 동물 식 물 본수 기 어 천 자
…是親附於上也)
… 시 친 부 어상 야)

●韓非子愛臣; 愛臣太親必危其身人臣太貴必易主位主妾無
○ 한 비 자 애 신; 애 신 태 친 필 위기 신 인 신 태귀 필 역 주 위주 첩 무
等必危嫡子兄弟不服必危社稷臣聞千乘之君無備必有百乘之
등 필 위 적 자 형 제 부복 필위 사 직 신 문 천 승지 군 무 비 필 유백 승 지
臣在其側以徙其民而傾其國萬乘之君無備
신 재 기 측 이 사기 민 이 경 기국 만 승 지 군무 비

④接近接觸(접근접촉) 가까이함. 맞붙음. 物體(물체)나 質量(질량) 等(등)의 外的(외적)인 表面的(표면적)이 맞닿음.

●孟子集註離婁上; 男女授受不親禮也嫂溺援之以手者權也
○ 맹 자 집 주 이루 상 ; 남 녀 수 수 불 친 예 야 수닉 원 지 이수 자 권 야
(註; 古禮男女不親授受以遠別也)
(주 ; 고 례 남 녀 불 친 수 수이 원 별 야)

●漢書郊祀志下; 三光高而不可得親海廣大無限界故其樂同
○ 한 서 교 사지 하 ; 삼 광 고 이 불 가 득 친 해광 대 무 한 계고 기 악 동
祀天則天文從祭墬則墬理從三光天文也山川地理也天地合祭
사 천 즉 천 문 종 제 지칙 지 리 종 삼광 천 문 야산 천 지 리 야 천지 합 제

先祖配天先妣配墜其誼一也
선 조 배 천 선비 배 지 기 의 일 야

⑤信任相信(신임상신) 믿고 일을 맡기는 일. 서로 믿음.

●史記樂毅傳; 忠臣臣雖不佞數奉敎於君子矣恐侍御者之親
○ 사 기 악 의 전; 충 신 신 수불 녕 수 봉 교 어 군자 의 공 시 어자 지 친
左右之說不察疏遠之行故敢獻書以聞唯君王之留意焉
좌 우 지 설 부 찰 소 원지 행 고감 헌 서 이 문 유군 왕 지 류 의 언

⑥結交(결교) 交分(교분)을 맺음. 서로 交際(교제)함. 親交(친교)를 맺다. 사귀다. 친구가 되다.

●史記蘇秦列傳; 夫蘇秦起閭閻連六國從親此其智有過人者
○ 사 기 소 진 얄 전; 부 소 진 기 창 염련 륙 국 종 친차 기 지 유과 인 자

⑦親自躬親(친자궁친) 自身(자신). 몸소. 스스로. 직접.

●春秋左傳僖公三年; 武王親釋其縛受其璧而祓之焚其櫬禮
○ 춘 추 좌 전 희 공삼 년 ; 무 왕 친 석 기 박 수기 벽 이 불 지 분기 친 례
而命之使復其所楚子從之
이 명 지 사 복 기 소 초자 종지

●公羊傳庄公三十二年; 辭曷爲與親弑者同 (何休注; 親躬親
○ 공 양 전 장 공 삼십 이 년 ; 사 갈 위 여 친 시 자 동 (하 휴 주 ; 친 궁친
也)
야)

⑧父母(부모) 어버이.

●詩經豳風東山; 親結其縭九十其儀其新孔嘉其舊如之何東
○ 시 경 유 풍동 산 ; 친 결 기 리 구 십 기 의 기 신공 가 기 구여 지 하 동
山我去東山(孔穎達疏; 其母親自結其衣之縭)
산 아 거 동 산 (공 영 달 소; 기 모 친 자 결기 의 지 리)

●孟子盡心上; 孩提之童無不知愛其親者及其長也無不知敬
○ 맹 자 진 심 상; 해 제 지 동 무 불지 애 기 친 자급 기 장 야 무부 지 경
其兄也親親仁也敬長義也無他達之於天下也
기 형 야 친 친 인 야 경장 의 야 무타 달 지 어 천하 야

⑨親人親戚(친인친척) 親(친)한 사람. 親族(친족)과 外戚(외척).

●周禮秋官掌戮; 凡殺其親者焚之殺王之親者辜之凡殺人者
○ 주 례 추 관 장 륙; 범 살 기 친 자 분지 살 왕 지 친자 고 지 범살 인 자
諸市肆之三日刑盜于市凡罪之震于法者亦如之唯王之(鄭玄注;
제 시 사 지 삼 일 형도우 시 범 죄 지 진 우 법 자 역여 지 유 왕 지(정 현 주;
親緦服以內者也)
친 시 복 이 내 자 야)
●春秋左傳襄公四年; 咨親爲詢咨禮爲度咨事爲諏咨難爲謀
○ 춘 추 좌 전 양 공 사 년; 자 친 위 순 자 례 위 도자 사 위 식 자난 위 모
臣獲五善敢不重拜(杜預注; 問親戚之義)
신 획 오 선 감 부 중 배(두 예 주; 문 친 척 지 의)

◇自我(자아) 自己(자기). 自己自身(자기자신)에 대한 의식이나 觀念(관념).

①自己(자기) 自身(자신). 제 몸, 제 자신(自身). 나. 漠然(막연)하게 사람을 가리키는 말.

●怪石歌; 自我欽之若危岫濁酒以酹歌以侑
○ 괴 석 가; 자 아 흠 지 약 위 수탁 주 이 뢰가 이 유
●赤都心史三三; 有人旣發展自我的個性又能排除一切妨礙
○ 적 도 심 사 삼 삼; 유 인 기 발 전자 아 적 개 성우 능 배 제 일절 방 애
他的主觀的困难环境而尽取屈伸自如从容自在或者呢有人要
타 적 주 관 적 곤 난 배경 이 진 취 굴 신자 여 종 용 자재 혹 자 니유 인 요

發展自己的个性狂暴忿
발 전 자 기 적개 성 광 폭 분

②自己肯定自己(자기긍정자기) 自己(자기)가 自己(자기)를 肯定(긍정)함.

●文選陸機豪士賦序; 夫我之自我智士猶嬰其累物之相物昆
○ 문 선 육 기 호 사 부서; 부 아 지 자 아 지 사 유영 기 루 물지 상 물 곤
蟲皆有此情指自己肯定自己(呂廷濟注; 自我謂自說己是相物
충 개 유 차 정 지 자기긍 정 자 기 (여 정 제 주 ; 자 아 위 자 설기 시 상 물
謂物皆相輕)
위 물 개 상 경)

◇親交(친교) 親密(친밀)하게 사귀는 교분(交分).

①親戚舊交(친척구교) 親戚(친척)과 오래된 친구. 친밀(親密)하게 사귀는 교분(交分).

●莊子山木; 吾犯此數患親交益疏徒友益散(成玄英疏; 門徒
○ 장 자 산 목; 오 범 차 수 환 친 교익 소 도 우 익산 (성 현 영 소 ; 문 도
朋友益甚離散網路解釋開頭相同的詞語徒褐徒)
붕 우 익 심 리 산 망 로 해석 개 두 상동 적 사 어 도석 도)
●樂府詩集相和歌辭十一善哉行; 親交在門飢不及餐歡日尚
○ 악 부 시 집 상 화가 사 십 일 선재 행; 친 교 재 문 기 부 급찬 환 일 상
少戚日苦多以何忘憂彈箏酒歌
소 척 일 고 다 이 하 망우 탄쟁 주 가

②親近之友知交(친근지우지교) 사이가 매우 가까운 벗.

●三國志魏志李通傳; 李通嘉儼執憲不阿與爲親交太祖與袁
○ 삼 국 지 위 지 이통 전; 이 통 가 엄 집 헌 불아 여 위 친 교태 조 여 원
紹相拒于官渡紹遣使拜通征南將軍劉表亦陰招之通皆拒焉
소 상 거 우 관 도 소 견사 배 통 정 남 장군 유 표 역 음 초지 통 개 거 언
●短歌行; 親交莫絶秉燭莫誠來日孔懷如何易別營營百年萬
○ 단 가 행; 친 교 막 절 병 촉 막 성래 일 공 회여 하 역 별 영 영백 년 만
慮難捐在樂滋憂當歌慨然人生如蠶食桑於野桑少防飢桑多防
려 난 연 재 악 자 우 당가 개 연인 생 여 잠 식 상어 야 상 소 방 기상 다 방
瀉
사

◇友好國(우호국) 나라끼리 사이가 좋음. 사이가 좋은 나라.

●後漢書將洪傳; 紹見洪甚奇之與結友好以洪領青州刺史前
○ 후 한 서 장 홍 전; 소 견 홍 심기 지 여 결 우호 이 홍 령 청 주자 사 전
刺史…後但以拜章朝主賜爵獲傳之故不蒙觀過之貸而受夷滅
자 사 …후 단 이 배 장 조 주사 작 획 전 지 고 부 몽관 과 지 대 이수 이 멸
之禍呂奉先
지 화 려 봉 선
●後漢書崔瑗傳; 崔瑗與扶風馬融南陽張衡特相友好乃東漢
○ 후 한 서 최 원 전; 최 원 여 부풍 마 융 남양 장 형 특 상 우 호내 동 한
安順桓帝年間人
안 순 환 제 년간 인

◇援助(원조) 助援(조원). 支援(지원). 幇助(방조). 지원함. 도와 줌. 어떤 主體(주체)가 다른 주체(客體)에 대해서 經濟的(경제적)·軍事的(군사적) 또는 人的(인적)·精神的(정신적)으로 支援(지원)하는 것.

●後漢書耿弇傳; 光武遣永復郡永北還而代令張曄據城反畔
○ 후 한 서 경 감 전; 광 무 견 영복 군 영 북 환이 대 령 장 엽 거성 반 반
乃招迎匈奴烏桓以為援助光武以弇弟舒爲復胡將軍使擊曄破
내 초 영 흉 노 오 환 이위 원 조 광 무이 감 제 서 위복 호 장 군 사격 엽 파
之永乃得復郡
지 영 내 득 복 군

●舊唐書昭宗紀; 王鎔感匡威援助之惠乃筑第於恒州迎匡威
○ 구 당 서 소 종 전; 왕 용 감 광위 원 조 지 혜 내축 제 어 항 주 영 광 위
處之
처 지

◈政治(정치) 國家(국가)의 主權者(주권자)가 그 領土(영토) 및 國民(국민)을 統治(통치)함. 國家(국가)의 勸力(권력)을 獲得(획득)하고 維持(유지)하며 行事(행사)하는 活動(활동)으로, 國民(국민)들이 人間(인간)다운 삶을 살게 하고 社會(사회) 秩序(질서)를 바로잡는 일.

①政事得以治理(정사득이치리) 政事淸明(정사청명). 정치상(政治上)의 일(事)인 統治(통치)를 할 수 있다.

●書經畢命; 道洽政治澤潤生命(孔傳; 道至普洽政化治理其
○ 서 경 필 명; 도 흡 정 치 택 윤생 명 (공 전; 도 지 보 흡 정 화치 리 기
德澤惠施乃浸潤生民)
덕 택 혜 시 내 침 윤생 민)

●新書大政下; 夫民者諸侯之本也教者政之本也道者教之本
○ 신 서 대 정 하; 부 민 자 제 후지 본 야 교 자정 지 본 야 도 자교 지 본

也有道然後教也有教然後政治也政治然後民勸之民勸之然後
야 유 도 연 후교 야 유교 연 후 정 치 야 정 치 연 후민 권 지 민 권지 연 후
國豐富也故國豐且富然後君樂也忠臣之功也臣之忠者君之明
국 풍 부 야 고 국풍 차 부 연 후 군락 야 충 신 지 공야 신 지 충 자군 지 명
也臣忠君明此之謂政之綱也故國也者行之綱然後國臧也故君
야 신 충 군 명차 지 위 정 지 강야 고 국 야 자 행 지강 연 후 국 장야 고 군
之信在於所信所信不信雖欲論信也終身不信矣故所信不可不
지 신재 어 소 신 소 신 부 신 수욕 론 신 야 종 신 부 신의 고 소 신부 가 부
愼也
신 야

②政事的治理(정사적치리) 政治上(정치상)의 일로서 統治(통치)를 하다.

●宋書沈攸之傳; 至荊州政治如在夏口營造舟甲常如敵至謂
○ 송 서 심 유 지 전; 지 형 주 정 치여 재 하 구 영조 주 갑 상여 적 지 위
政事的治理
정 사 적 치 리

●嘯亭雜錄湯文正; 歸自洗其堂廡曰前令郭琇已死今來者又
○ 소 정 잡 록 탕 문정; 귀 자 세 기 당 무 왈 전 령곽 수 이 사 금래 자 우
一郭琇也其政治爲之一變
일 곽 수 야 기 정 치 위지 일변

③指治理國家所施行的一切措施(지치리국가소시행적일절조시)

●周禮地官遂人; 凡事致野役而師田作野民帥而至掌其政治
○ 주 례 지 관 수인 ; 범 사 치야 역 이 사 전 작야 민 수 이 지 장기 정 치
禁令
금 령

●史論; 且夫作史者必取一代之政治典章因革損益之故與夫
○ 사 론 ; 차 부 작 사자 필 취 일 대 지정 치 전장 인 혁 손 익지 고 여 부
事之成敗得失人之邪正一一了然洞然於胸中而後執筆操簡發
사 지 성 패 득 실 인 지사 정 일 일 료 연동 연 어 흉 중이 후 집 필조 간 발

凡起例定爲一書
범 기 례 정 위 일 서

◇國儀(국의) 國家禮儀(국가예의). 朝廷禮儀(조정예의). 나라의 禮(예)와 朝廷(조정)의 禮(예).

●**周易**觀; 觀國之光利用賓于王(三國魏王弼注; 居近得位明
○ 주 역 관; 관 국 지 광 이용 빈 우 왕 (삼 국 위 왕 필 주; 거 근 득 위 명
習國儀者也)(孔穎達疏; 居在親近而得其位明習國之禮儀)
습 국 의 자 야 공 영 달 소; 거 재 친 근 이 득 기 위 명 습국 지 례 의)
●資治通鑑後唐明宗長興三年; 傳瓘旣襲位更名元瓘兄弟名
○ 자 치 통 감 후 당 명종 장 흥 삼 년; 전 관 기 습 위 경 명 원관 형 제 명
傳者皆更爲元以遺命去國儀用藩鎭法
전 자 개 경 위 원이 유 명 거국 의 용 번 진 법

◇政治思想(정치사상) 政治(정치)에 관한 생각과 意見(의견).

①想念(상념) 마음속에 품고 있는 觀念(관념). 마음에 떠오르는 생각.

●春秋公羊傳桓公二年; 夏四月戊申納于大廟(何休注; 廟之
○ 춘 추 공 양 전 환공 이 년; 하 사 월 무 신 납우 대 묘 (하 휴 주; 묘 지
爲言貌也思想儀貌而事之故曰齊之日思其居處思其笑語思其
위 언 모 야 사 상 의모 이 사 지고 왈 제 지 일 사기 거 처 사 기 소어 사 기
志意思其所樂思其所嗜祭之日入室僾然必有見乎)
지 의 사 기 소 락 사기 소 기 제 지 일 입 실 애 연 필유 견호)
●屈原賦今譯九歌; 思想爾好凄凉
○ 굴 원 부 금역 구 가 ; 사 상 이 호 처 량

②思忖考慮(사촌고려) 생각해 봄.

●前漢書平話卷上; 子房獨坐思想… 久後不免死於漢王之手
○ 전 한 서 평화 권 상 ; 자 방 독 좌 사 상 … 구 후 부 면 사 어 한왕 지 수
●老殘遊記第八回; 綺着驢玩著山景實在快樂得極思想做兩
○ 노 잔 유 기 제팔 회; 기 착 려 완 저 산 경 실 재쾌 락 득 극 사상 주 량
句詩描摹這個景象
구 시 묘 모 저개 경 상

◇脅迫(협박)

威脇强迫(위협강박). 으르고 다잡음. 위협하다. 다른 사람을 공포에 빠지게할 목적으로 害惡(해악)을 끼칠 뜻을 通告(통고)하는 일.

●後漢書申屠蟠傳; 爽荀爽等爲卓董卓所脅迫西都長安京師
○ 후 한 서 신도 반 전 ; 상 순 상 등 위 탁 동 탁 소 협박 서 도 장안 경 사
擾亂
요 란
●曼陀羅華: 他夫人接著信自然會著急我便拿著信去責備她
○ 만 타 라 화; 타 부 인 접 저 신자 연 회 저 급아 편 나 저 신거 책 비 저
脅迫她定然可以把她弄到門司去接他回來
협 박 저 정 연 가 이 파저 롱 도문 사 거 접 타 회 래

◇協力(협력)

協力共同努力(협력공동노력). 힘을 모아 서로 도움. 한가지 일을 成事(성사) 시키기 위하여 共同(공동)으로 노력함. 友好的(우호적)이고 生産的(생산적)인 集團(집단) 雰圍氣(분위기)를 形成(형성)하기 危害(위해) 集團員(집단원)들 間(간)에 서로 돕는 것. 特定(특정) 業務(업무)를 完

成度(완성도) 있게 解決(해결)하기 위해 여러 專門家(전문가)들이 모여 進行(진행)하는 作業(작업) 形態(형태).

●宋書柳元景傳; 玄謨使垣護之告元景曰今餘東岸萬人賊軍
○ 송 서 류 원 경 전; 현 모 사 원 호 지고 원 경 왈 금여 동 안 만 인적 군
數倍強弱不敵謂宜還就節下協力當之元景謂護之曰師有常刊
수 배 강 약 부 적 위의 환 취 절 하 협 력당 지 원 경위 호 지 왈 사유 상 간
不可先退
불 가 선 퇴
●比目魚攀轅; 同心做好事協力諫清官
○ 비 목 어 반 원; 동 심 주 호사 협 력 간 청 관

◇協議(협의) 여러 사람이 모여 議論(의논)함.

①共同計議(공동계의) 協商(협상). 여러 사람이 일을 같이 서로 의논(議論)함.

●隋書律曆志中; 二人協議共短孝孫言其非毀天歷率意迂怪
○ 수 서 율 력 지중 ; 이 인 협 의 공 단 효 손 언기 비 훼 천 력솔 의 우 괴
焯又妄相扶证惑扶証怎幺
작 우 망 상 부 정 혹 부정 즘 요
●儒林公議卷上; 弼富弼與韓琦協議制以三年爲率不得复有
○ 유 림 공 의권 상 ; 필 부 필 여 한 기 협의 제 이 삼 년 위 솔부 득 복 유
干請久任者悉奏更之由是閹宦大噪惡弼如枕干之讎矣
간 청 구 임 자 실 주경 지 유 시 엄환 대 조 악 필여 침 간 지 수 의

②統一意見(통일의견) 意見(의견)을 統一(통일)함.

●感山賦; 同德一心齊力協議也作協商經過談判協商後所決
○ 감 산 부; 동 덕 일 심 제 력 협의 야 작 협상 경 과 담 판 협상 후 소 결

議共同遵守的約定如這個方案幾經磋商終於達成協議
의 공 동 준 수 적 약 정여 저 개방 안 기 경 차 상종 어달 성 협 의

③經過談判協商而制定的共同承認共同遵守的文件(경과담판협상이제정적공동승인공동준수적문건)

◇協商(협상) 共同商量(공동상량). 둘 이상의 나라 사이에 外交文書(외교문서)를 交換(교환)하여 어떤 일을 약속하는 일.

●奇异的書簡五; 他們今后能在一个單位工作嗎這要根据今
○ 기 이 적 서 간 오; 타 문 금 후능 재 일 개 단위 공 작 마 저 요근 거 금
后的需要與可能看各有关方面协商的結果相商彼此商量商議
후 적 수 요 여 가 능 간각 유 소방 면 협 상 적 결과 상 상 피 차 상 량상 의

◇回避(회피) 몸을 避(피)하여 만나지 아니함.

●涑水記聞逸文; 景祐中范文正公知開封府忠亮讜直言無迴
○ 속 수 기 문 일 문; 경 우 중 범 문 정 공 지개 봉 부 충 량 당직 언 무 회
避左右不便
피 좌 우 불 편

①避忌(피기) 顧忌(고기). 꺼리어 피함.

●南史顧竣傳; 上自卽吉之後宮內頗有醜論又多所興造竣諫
○ 남 사 고 준전 ; 상 자 즉 길 지 후궁 내 파 유 추론 우 다 소흥 조 준 간
爭懇切並無所回避上意甚不悅多不見從竣自謂才足幹時恩舊
쟁 간 절 병 무소 회 피 상 의 심부 열 다 부 견 종 준자 위 재 족 간시 은 구
莫比當贊務居中永執朝政
막 비 당 찬 무 거중 영 집 조 정

●涑水記聞逸文; 景祐中范文正公知開封府忠亮讜直言無迴
○ 속 수 기 문 일문 ; 경 우 중 범 문 정 공지 개 봉 부 충량 당 직 언 무 회
避左右不便躲避避讓
피 좌 우 부 편 타피 피 양

②躲避(타피) **避讓(피양). 껄끄러운 자리에서 몸을 피함.**

●水滸傳第三四回; 城上弩箭如雨點般射將下來秦明只得迴
○ 수 호 전 제 삼사 회; 성 상 노 전 여 우점 반 사 장 하 래 진 명지 득 회
避看見遍野處火焰尚兀自未滅
피 간 견 편 야 처 화 염상 올 지 미 멸

●行香子秋興詞; 昨夜霜風先入梧桐渾無處迴避衰容問公何
○ 행 향 자 추흥 사; 작 야 상 풍 선 입 오 동혼 무 처 회 피 쇠용 문 공 하
事不語書空但一回醉一回病一回慵朝來庭下光陰如箭似無言
사 부 어 서 공 단 일 회취 일 회병 일 회 용 조 래 정하 광 음 여 전사 무 언
有意傷儂
유 의 상 농

◈政黨(정당) 集團幷爲維護其利益而鬪爭的政治組織(집단병위유호기리익이투쟁적정치조직). 일정한 政治(정치) 이상의 實現(실현)을 위해 政治權力(정치권력)의 참여를 目的(목적)으로 하는 政治團體(정치단체).

◇政派(정파) 政治上派別(정치상파별). 政黨(정당) 分派(분파). 政治(정치) 上(상)으로 나뉜 갈래.

●子夜三; 唐云山立刻利用机會來替他所服務的政派說話了
○ 자 야 삼; 당 운 산 립 각 리 용 궤 회 래 체 타소 복 무 적 정파 설 화 료

◇政敵(정적) 指在政治上跟自己處于敵對地位仁(지재정치상근자기처우적대지위인). 政治上(정치상) 對立(대립)하는 사람.

◇政亂(정란) 猶治亂(유치란). 나라를 다스리는 일을 어지럽힌다.

●後漢書桓帝紀; 政亂在予仍獲咨徵
○ 후 한 서 환 제 기 ; 정 란 재 여 잉획 자 징
●後漢書仲長統傳; 至於運徙埶去猶不覺悟者豈非富貴生不仁沉溺致愚疾邪存亡以之迭代政亂從此周復天道常然之大數也
○ 후 한 서 중 장통 전; 지 어 운 사 예 거 유 부각 오 자 기 비부 귀 생 부 인 침 닉 치 우 질사 존 망 이 지 질대 정 란 종 차주 복 천 도 상 연 지 대 수 야

◇政爭(정쟁) 政治鬪爭(정치투쟁). 政治上(정치상)의 主義(주의) 主張(주장) 等(등)에 관한 싸움.

●准風月談四庫全書珍本; 現在除兵爭政爭等類之外還有一種倘非閒人就不大注意的影印四庫全書中的珍本之爭
○ 준 풍 월 담 사 고 전서 진 본; 현 재 제 병쟁 정 쟁 등 류지 외 환 유 일 종 당 비 한 인 취 부대 주 의 적영 인 사 고 전 서중 적 진 본 지 쟁

◇積弊(적폐) 積敝(적폐). 오랜동안 뿌리 박힌 弊端(폐단). 오랫동안 쌓이고 쌓인

慣行(관행), 腐敗(부패), 非理(비리) 등의 弊端(폐단).

●荀子王制; 朝廷如是則彼日積敝我日積完彼日積貧我日積
○ 순 자 왕 제; 조 정 여 시 즉 피 일적 폐 아 일 적완 피 일 적 빈아 일 적
富彼日積勞我曰積佚君臣上下之間者彼將厲厲焉日日相離疾
부 피 일 적 로아 왈 적 일 군 신 상하 지 간 자 피 장려 려 언 일 일상 리 질
也
야

●五等諸侯論; 經始權其多福慮終取其少禍非謂侯伯無可亂
○ 오 등 제 후 론; 경 시 권기 다 복 려 종 취기 소 화 비 위후 백 무 가 란
之符郡縣非致治之具也故國憂賴其釋位主弱憑其翼戴及承微
지 부 군 현 비치 치 지 구 야 고 국 우뢰 기 석 위 주약 빙 기 익대 급 승 미
積敝王室遂卑
적 폐 왕 실 수 비

◇報復(보복) 指報積怨憤恨(지보적원분한). 앙갚음. 恩惠(은혜)나 怨恨(원한)을 갚다.

●漢書朱買臣傳; 悉召見故人與飮食諸嘗有恩者皆報復焉居
○ 한 서 주 매신 전; 실 소 견 고 인 여 음 식 제상 유 은 자개 보 복 언 거
歲餘買臣受詔將兵與橫海將軍韓說等俱擊破東越有功徵入爲
세 여 매 신 수 조 장 병여 횡 해 장 군한 설 등 구 격파 동 월 유 공징 입 위
主
주

◇容納(용납) 包容受納(포용수납). 너그러운 마음으로 他(타)의 言行(언행)을 받아들임.

●唐語林政事上; 韋貫之裨贊朝略未嘗有私性沈厚容納進退
○ 당 어 림 정사 상; 위 관 지 비 찬 조 략 미 상유 사 성 침 후 용납 진 퇴
情理而士大夫親昵交友莫能知者
정 리 이 사 대 부 친 닐교 우 막능 지 자

●晉紀總論; 高祖宣皇帝性深阻有如城府而能寬綽以容納城
○ 진 기 총 론; 고 조 선 황 제성 심 조 유 여 성부 이 능 관 작이 용 납 성
府是遇事沉得住氣不輕易動怒發脾氣不讓人隨便看出自己的
부 시 우 사 침득 주 기 부 경 역 동노 발 비 기 부양 인 수 편 간 출자 기 적
心思
심 사

◇容賢(용현) 容納賢人(용납현인). 才德(재덕)을 兼備(겸비)한 사람을 받아들이다. 현자(賢者)를 包容(포용)하다.

●孔子家語賢君; 有士曰慶足者有士日慶足者衛國有大事則
○ 공 자 가 어 현군; 유 사 왈 경 족 자 유 사 일경 족 자 위국 유 대 사 즉
必起而治之國無事則退而容賢(王肅注; 言其所以退者欲以容
필 기 이 치 지국 무 사칙 퇴 이 용 현(왕 숙 주 ; 언 기 소 이 퇴 자 욕이 용
賢於朝)
현 어 조)

●王文憲文集序; 拔奇取異興微繼絶望側階而容賢候景風而
○ 왕 문 헌 문 집서; 발 기 취 이 흥 미 계 절망 측 계 이 용 현후 경 풍 이
式典
식 전

◇小人(소인) 나이 어린 사람. 몸집이 몹시 작은 사람. 간사(奸邪)하고 도량(度量)이 좁은 사람. 무식(無識)하고 천(賤)한 사람.

①識見淺狹人(식견천협인) 學識(학식)과 見聞(견문)이 不足(부족)한 사람.

●論語子路; 樊遲請學稼子曰吾不如老農請學爲圃曰吾不如
○ 논 어 자 로; 번 지 청 학가 자 왈 오 부 여 로 농청 학 위 포 왈오 부 여
老圃樊遲出子曰小人哉樊須也上好禮則民莫敢不敬上好義則
로 포 번 지 출 자 왈 소인 재 번 수야 상 호 례 즉 민막 감 부 경 상호 의 즉
民莫敢不服
민 막 감 불 복
●論語辨惑二; 其曰硜硜小人小人樊須從其小體爲小人之類
○ 논 어 변 혹이 ; 기 왈 갱 갱 소 인 소 인 번 수종 기 소 체 위소 인 지 류
此謂所見淺狹對大人而言耳
차 위 소 견 천 협 대 대인 이 언이

②人格鄙陋人(인격비루인) 사람으로서의 됨됨이 행동(行動)이나 성질(性質)이 더럽고 추저분한 사람.

●三國志蜀志諸葛亮傳; 親賢臣遠小人此先漢所以興隆也親
○ 삼 국 지 촉 지 제 갈량 전; 친 현 신 원 소 인차 선 한 소이 흥 륭 야 친
小人遠賢臣此後漢所以傾頹也
소 인 원 현 신 차 후한 소 이 견 퇴 야
●書經大禹謨; 蠢兹有苗昏迷不恭侮慢自賢反道敗德君子在
○ 서 경 대 우 모; 준 자 유 묘 혼 미 부 공 모 만자 현 반 도 패덕 군 자 재
野小人在位民棄不保天降之咎肆予以爾衆士奉辭伐罪爾尙一
야 소 인 재 위 민 기 부보 천 강지 구 사 여 이 이중 사 봉사 벌 죄 이 상 일
乃心力其克有勳
내 심 력 기 극 유 훈

◇小人輩(소인배) 奸詐(간사)하고 度量(도량)이 좁은 자 또는 그 무리. 小人(소

인)의 무리.

◇保守(보수) 在來(재래)의 習慣(습관) 傳統(전통)을 重要視(중요시)하여 그대로 保全(보전)하고 지킴.

●如何與全第二十一章; 如何與海南商人打交道海南人有很
○ 여 하 여 전 제 이십 일 장; 여 하 여 해 남상 인 타 교 도해 남 인 유 흔
强的保守主義針對海南人的保守在與他們打交道時應注意新
강 적 보 수 주 의 침대 해 남 인 적보 수 재 여 타 문 타교 도 시응 주 의 신
思想新觀念的灌输利用其保守搶占海南商人的市場(出處; google
사 상 신 관 념 적 관수 리 용 기 보수 창 점 해 남 상인 적 시 장

◇守舊(수구) 옛 制度(제도)나 慣習(관습)을 그대로 지키고 따름.

①拘泥于舊的看法或做法而不愿改變(구니우구적간법혹주법이불원개변)

●宋史歐陽脩傳; 宋興且百年而文章體裁猶仍五季餘習鎪刻
○ 송 사 구 양수 전 ; 송 흥 차 백 년 이 문 장 체재 유 잉 오 계여 습 수 각
駢偶淟涊弗振士因陋守舊論卑氣弱蘇舜元舜欽柳開穆…唐之
변 우 전 년 불 진사 인루 수 구 론 비 기 약 소 순원 순 흠 류 개 목…당 지
文涉五季而弊至宋歐陽脩又振起之
문 섭 오 계 이 폐 지송 구 양 수 우진 기 지
●茶館第三幕; 爾那套光緒年間的爲法太守舊了
○ 다 관 제 삼막; 이 나 투 광 서 년 간 적 위법 태 수 구 료

②保持住原來的样子(보지주원래

적양자)

●考舊知新說; 中國之病固在不能更新尤在不能守舊
○ 고 구 지신 설; 중 국 지 병 고 재 불 능 경 신우 재 부 능 수 구
●閑情偶寄聲容選姿; 至其血色深紫結而成胎則其根本已緇
○ 한 정 우 기 성용 선 자; 지 기 혈 색 심 자결 이 성 태 즉기 근 본 이 치
全無脚地可漂及其生也卽服以水晶雲母居以玉殿琼樓亦難望
전 무 각 지 가표 급 기생 야 즉 복 이 수 정 운 모거 이 옥 전 경 루역 난 망
其變深爲淺但能守舊不遷不致愈老愈黑亦云幸矣
기 변 심 위 천 단 능수 구 부 천 부치 유 로 유 흑 역운 행의

◇停滯(정체) 謂事物因受某衝阻碍而處于原來狀况下不能繼續發展前進(위사물인수모충조애이처우원래상황하불능계속발전전진). 沈滯(침체)하다. 事物(사물)이 한 곳에 그쳐서 쌓임. 停止(정지)하여 滯留(체류)함.

●淸史稿兵志十一; 綜計新廠需款二十餘萬兩但能加撥宜昌
○ 청 사 고 병 지십 일; 종 계 신 창 수관 이 십 여 만 량 단 능가 발 의 창
稅銀五萬當設法周轉不使廠務停滯也
세 은 오 만 당 설 법 주전 부 사창 무 정 체 야
●晉書虞預傳; 加以王塗未夷所在停滯送者經年永失播植這
○ 진 서 우 예전; 가 이 왕 도 미 이소 재 정 체 송 자 경 년 영실 파 식 저
兩個詞最明顯的區別就是一個是主動的一個是被動的生活中
량 개 사 최 명현 적 구별 취 시 일 개 시 주 동적 일 개 시 피 동적 생 활 중
的事情我們主動做可以做的很好被動去做總有那麼一點不情
적 사 정 아 문 주동 주 가 이 주 적 흔호 피 동 거 주총 유 나마 일 점 부 정
願在心中
원 재 심 중

◇自由(자유) 法律(법률) 內(내)에서

자기 마음대로 하는 行爲(행위). 남에게 拘束(구속)을 받거나 무엇에 얽매이지 않고 자기 마음대로 行動(행동)하는 일, 또는 그러한 常態(상태).

●後漢紀靈帝紀中; 今方權宦羣居同惡如市上不自由政出左右另有同名法律名詞哲學名詞等
○후한기영제기중; 금방권환군거동악여시상부자유정출좌우령유동명법률명사철학명사등

●北史爾朱世隆傳; 既總朝政生殺自由公行淫泆信任羣小隨情與奪
○북사이주세룡전; 기총조정생살자유공행음일신임군소수정여탈

◇民主(민주) 主權(주권)이 國民(국민)에게 있음. 百姓(백성)이 主權(주권)을 가지고 主人(주인) 노릇함.

①民之主宰者舊多指帝王君主(민지주재자구다지제왕군주)

●春秋左傳文公十七年; 襄仲如齊拜穀之盟復曰臣聞齊人將食魯之麥以臣觀之將不能齊君之語偷臧文仲有言曰民主偷必死
○춘추좌전문공십칠년; 양중여제배곡지맹복왈신문제인장식로지맥이신관지장불능제군지어륜장문중유언왈민주투필사

●三國志吳志鍾离牧傳; 僕爲民主當以法率下
○삼국지오지종리목전; 복위민주당이법솔하

②指人民有參與國事或對國事有自

由發表意見的權利民主用于國家形式卽成爲一種國家制度與專制相對立作爲一種國家制度民主總是體現統治階級的意志具有鮮明的階級性
(지인민유참여국사혹대국사유자유발표의견적권리민주용우국가형식즉성위일종국가제도여전제상대립작위일종국가제도민주총시체현통치계급적의지구유선명적계급성)

●盛世危言議院; 君主者權偏於上民主者權偏于下君民共主者權得其平凡事虽有上下議院议定仍奏其君裁奪
○ 성 세 위 언 의원 ; 군 주 자 권 편어 상 민 주 자 권편 우 하 군민 공 주 자 권 득 기 평 범사 수 유 상 하의 원 의 정 잉 주기 군 재 탈

◇進步(진보) 차차 발달하고 나아지는 일.

①向前行步(향전행보) 앞을 향해 걸어 나아감.

●敦煌變文集張義潮變文; 陳元弘進步向前稱是漢朝使命北入迴鶻充冊立使
○ 돈 황 변 문 집장 의 조 변 문; 진 원 홍 진 보향 전 칭 시 한조 사 명 북 입 회 골 충 책 립사

●西遊記第五十回; 可歎行人難進步皺眉愁臉把頭蒙环境描
○ 서 유 기 제 오십 회; 가 탄 행 인 난 진 보 추미 수 검 파 두몽 배 경 묘
寫用比喻誇張對偶的修辭手法寫出了山的高大巍峨和山的美
사 용 비 유 과 장대 우 적 수 사 수 법사 출 료 산적 고 대 외아 화 산 적 미
麗
려

②謂人或事物向前發展比原來好(위인혹사물향전발전비원래호)

●朱子語類卷四二; 爲學須先尋得一箇路逕然後可以進步觀
○ 주 자 어 류 권사 이 ; 위 학 수 선 심 득 일개 로 경 연 후 가이 진 보 관
書不然則書自書人自人
서 불 연 즉 서 자서 인자 인
●水滸後傳第三回; 尉遲閒住受餘殃欒廷玉失機同入伙卻說
○ 수 호 후 전 제삼 회; 위 지 한 주 수 여 앙 란정 옥 실 기동 입 화 각 설
孫新來到哥哥家裡正要說殺了毛…不如同到登雲山安身再圖
손 신 래 도 가가 가 리정 요 설 살 료 모 … 불 여 동 도등 운 산 안신 재 도
進步
진 보

③選合時代要求對社會發展起促進作用的(선합시대요구대사회발전기촉진작용적)

●巴金選集後記; 只要是新的進步的東西我都愛舊的落後的
○ 파 금 선 집후 기; 지 요 시 신 적 진 보 적 동서 아 도 애구 적 락 후 적
東西我都恨
동 서 아 도 한

◇共産(공산) 財産(재산)을 共有(공유)함. 共産主義(공산주의).

◇世襲(세습) 世代繼承爵位(세대계승작위). 財産(재산), 爵位(작위), 業務(업무) 등을 子子孫孫(자자손손) 물려 받음.

●紅樓夢第一百七回; 散餘資賈母明大義復世職政老沐天恩
○ 홍 루 몽 제 일백 칠 회; 산 여 자 가 모 명 대의 복 세 직 정로 목 천 은
…但身系世襲職員罔知法紀私埋人命本應重治念伊究屬功臣
… 단 신 계 세습 직 원 망 지 법기 사 매 인 명 본응 중 치 념 이구 속 공 신
後裔不忍加罪亦從寬革去世職
후 예 부 인 가죄 역 종 관 혁 거 세 직
●三國志魏志武帝紀; 漢國參之後裵松之注引晉王沈魏書曹
○ 삼 국 지 위 지무 제 기; 한 국 참 지 후 배 송지 주 인 진 왕심 위 서 조
參以功封平陽侯世襲爵土絕而復紹至今適嗣國於容城…張璠
참 이 공 봉 평 양후 세 습 작 토절 이 복 소 지 금적 사 국 어 용 성… 장 번
漢紀曰玄曆位中外以剛斷稱謙儉下士不以王爵私親
한 기 왈 현 력 위중 외 이 강 단 칭겸 검 하 사 부이 왕 작사 친

◇世治(세치) 世世代代地統治(세세대대지통치). 代(대)를 이어 나라를 다스림. 世上(세상)을 다스림.

●商君書愼法; 凡世莫不以其所以亂者治故小治而小亂大治
○ 상 군 서 신 법; 범 세 막 부이 기 소 이란 자 치 고 소 치 이소 란 대 치
而大乱人主莫能世治其民世無不亂之國奚謂以其所以亂者治
이 대 란 인 주 막능 세 치 기 민 세무 불 란 지국 해 위 이 기 소이 란 자 치
夫舉賢能世之所以治也而治之所以亂
부 거 현 능 세지 소 이 치 야 이 치지 소 이 란

◇獨治(독치) 一人治理(일인치리). 一人統治(일인통치).

●韓非子外儲說右下; 聞有吏雖亂而有獨善之民不聞有亂民
○ 한 비 자 외 저설 우 하; 문 유 리 수 난 이 유 독선 지 민 부문 유 란 민
而獨治之吏故明主治吏不治民
이 독 치 지 리 고 명 주치 리불 치 민

●墨子尙同下; 然計得下之情將柰何可故子墨子曰唯能以尙
○ 묵 자 상 동하; 연 계 득 하 지 정 장 내 하가 고 자 묵 자 왈 유 능이 상
同一義爲政然後可矣何以知尙同一義之可而爲政于天下也…
동 일 의 위 정 연 후 가의 하 이지 상 동 일 의 지가 이 위 정 우 천하 야) …
天子以其知力爲未足獨治天下是以選擇其次立爲三公三公三
천 자 이 기 지 력위 미 족 독 치 천 하시 이 선 택 기차 립 위 삼 공삼 공 삼
又以其知力爲未足独左右天子也是以分國建諸侯
우 이 기 지 력 위 미족 독 좌 우 천 자야 시 이 분국 건 제 후

◇獨裁(독재) **獨攬政權(독람정권) 實行專制政治(실행전제정치). 모든 일을 단독(單獨)으로 지배(支配) 처리(處理)하는 일. 特定(특정)한 個人(개인)·團體(단체)·黨派(당파)·階級(계급) 等(등)이 國家(국가)나 혹은 어떤 分野(분야)에서 權力(권력)을 차지하고 모든 일을 單獨(단독)으로 支配(지배)·處理(처리)하는 일.**

●奧國的教訓; 奧總理陶爾斐斯摧殘社會民主黨的力量句結
○ 오 국 적 교 훈; 오 총 리 도 이 비 사 최 잔사 회 민 주 당적 력 량 구 결
侵略國意大利來支持他的獨裁政治
침 략 국 의 대 리래 지지 타 적 독 재 정 치

◇改革(개혁) **새롭게 뜯어 고침. 合法的(합법적) 절차를 밟아 정치상 사회상의 묵**

은 體制(체제)를 고쳐 새 體制(체제)로 바꿈.

①變更(변경) 革新(혁신). 現常指改變舊制度舊事物(현상지개변구제도구사물). 改變(개변)하다. 變更(변경)하다. 고치다.

●梁書武帝紀下; 百官俸祿本有定數前代以來皆多評准頃者
○ 량 서 무 제기 하; 백 관 봉 록 본 유 정수 전 대 이 래 개다 평 준 경 자
因循未遑改革
인 순 미 황 개 혁

●後漢書黃瓊傳; 瓊復上言覆試之作將以澄洗清濁覆實虛濫
○ 후 한 서 황 견 전; 경 복 상 언 복 시 지 작 장이 징 세 청 탁복 실 허 람
不宜改革帝乃止出爲魏郡太守稍遷太常
부 의 개 혁 제 내 지 출위 위군 태 수 초 천 태 상

②謂革除惡習劣行(위혁제악습렬행) 나쁜 버릇과 졸열한 행동을 그치게 이르다.

●南齊書劉祥傳; 上別遣敕祥曰卿素無行檢朝野所悉輕棄骨
○ 남 제 서 유 산 전; 상 별 견칙 상 왈 경 소무 행 검 조 야 소실 경 기 골
肉侮蔑兄嫂此是卿家行不足乃無關他人卿才識所知蓋何足…
육 모 멸 형 수차 시 경 가 행 부족 내 무 관 타 인경 재 식 소 지 개하 족 …
我當原卿性命令卿萬里思愆卿若能改革當令卿得還
아 당 원 경 성 명 령경 만 리 사 건 경 약 능개 혁 당령 경 득 환

◇前進(전진) 앞으로 나아가다.

①上前(상전) 앞으로 나아가다.

●史記張釋之馮唐列傳; 釋之前進曰使其中有可欲者雖錮南
○ 사 기 장 석지 풍 당 열 전; 석 지 전 진 왈 사기 중 유 가 욕 자수 고 남

山猶有郄使其中無可欲者雖無石槨又何戚焉
산 유 유 극 사 기 중 무가 욕 자수 무 석 곽 우 하 척 언
●奉天錄卷三; 時田悅壁壘嚴肅馬公不果前進問鄕老曰按圖
○ 봉 천 록권 삼 ; 시 전 열 벽 루 엄 숙 마 공 부과 전 진 문 향 로왈 안 도
經此山有名否
경 차 산 유 명 부

②向前發展(향전발전) 進步(진보). 한 狀態(상태)로부터 더 잘 되고 좋아지는 狀態(상태)로 일이 옮아가는 過程(과정).

●復楊定見; 在今日只宜自信自珍益堅益厲務求到家而后已
○ 복 영 정 견; 재 금 일 지 의 자신 자 진 익 견 익려 무 구 도가 이 후 이
必得前進而后快斯爲男儿志氣耳
필 득 전 진 이 후 쾌 사위 남 인지 기 이
●花邊文學水性; 許多事是不能爲了討前進的批評家喜歡一
○ 화 변 문 학 수성; 허 다 사 시 불 능 위 료토 전 진 적 비 평가 희 환 일
味閉了眼睛作豪語的
미 폐 료 안 정 작호 어 적

◈慾心(욕심) 情欲之心(정욕지심). 四欲之一(사욕지일). 慾氣(욕기). 欲念(욕념). 자기만을 이롭게 하려는 생각. 分數(분수)에 지나치게 넘치게 하고자 하는 마음. 分數(분수)에 넘치게 무엇을 貪(탐)내거나 누리고자 하는 마음. 무엇을 향한 切實(절실)한 바람이나 慾求(욕구).

●漢武故事; 帝滯情不遣欲心尚多不死之藥未可致也因出桃
○ 한 무 고 사; 제 체 정 불 견욕 심 상 다 부 사지 약 미 가 치야 인 출 도

七枚母自啗二枚與帝五枚帝留核著前王母問曰用此何為上曰
칠 매 모 자 담 이매 여제 오 매 제 류 핵 저 전 왕 모 문 왈용 차하 위 상 왈
此桃美欲種之
차 도 미 욕 종 지

●野獲編補遺內閣宰相前世僧; 楊文襄自云前生爲安寧老僧
○ 야 획 편 보 유내 각 재 상 전세 승; 양 문 양 자 운 전 생 위안 녕 노 승
薰修頗久當得小果因慾心尚熾被罰為士人生而天閹雖出將入
훈 수 파 구 당 득소 과 인 욕 심상 치 피 벌 위 사 인생 이 천 엄 수출 장 입
相
상

◇情欲之心(정욕지심) 四欲之一(사욕지일). 마음에 생기는 온갖 욕망(慾望)의 생각. 사욕(四欲)의 하나. 물건(物件)을 탐내고 집착(執着)하는 마음.

●法苑珠林;
○ 법 원 주 림 ;
一情欲谓欲界众生多于男女情爱之境而起贪欲故名情欲
일 정 욕 위 욕 계 중생 다 우 남 녀 정애 지 경 이 기탐 욕 고 명 정 욕
二色欲謂欲界众生多于男女嬌媚等色而起貪欲故名色欲
이 색 욕 위 욕 계 중 생 다우 남 녀 교 미등 색 이기 탐 욕 고 명 색 욕
三食欲謂欲界众生多于美味飮食而起貪欲故名食欲
삼 식 욕 위 욕 계 중생 다 우 미 미음 식 이 기 탐욕 고 명 식 욕
四淫欲謂欲界衆生多于男女互相染着行于欲事故名淫欲
사 음 욕 위 욕 계중 생 다 우 남 녀 호상 염 착 행 우욕 사 고 명 음 욕

◇私利私慾(사리사욕) 私事(사사)로운 利益(이익)과 慾心(욕심).

①私利(사리) 個人(개인)의 私事(사사)

로운 利益(이익).

●管子禁藏; 夫動靜順然後和不失其時然後富不失其法然後
○ 관 자 금 장; 부 동 정 순 연 후화 부 실 기 시 연후 부 부 실기 법 연 후
治故國不虛富民不虛治不治而昌不亂而…故國多私勇者其兵
치 고 국 부 허 부 민부 허 치 부 치이 창 부 란 이… 고 국 다 사 용 자기 병
弱吏多私智者其法亂民多私利者其國貧
약 리 다 사 지 자 기법 란 민 다 사 리 자기 국 빈

●史記日者列傳; 事私利枉主法獵農民以官爲威以法爲機求
○ 사 기 일 자열 전; 사 사 리 왕 주 법 렵 농 민이 관 위 위 이 법위 기 구
利逆暴譬無異於操白刃劫人者也
리 역 폭 비 무 이 어 조백 인 겁 인자 야

②私慾(사욕) **亦作私欲(역작사욕). 個人的欲望(개인적욕망). 제 한몸의 利益(이익)만 貪(탐)하는 慾心(욕심). 個人(개인)의 私的(사적)인 慾心(욕심)이나 自己(자기) 利益(이익)만 차리는 慾心(욕심).**

●荀子修身; 以自惡也故非我而當者吾師也是我而當者吾友
○ 순 자 수 신; 이 자 악 야 고 비아 이 당 자 오사 야 시 아 이당 자 오 우
也諂諛我者吾賊也故君子隆師…遵王之路此言君子之能以公
야 첨 유 아 자 오 적 야고 군 자 륭 사… 준 왕 지 로차 언 군 자 지능 이 공
義勝私欲也
의 승 사 욕 야

●世說新語言語; 王長史與劉眞長別後相見(梁劉孝標注; 濛
○ 세 설 신 어 언 어; 왕 장 사여 유 진 장 별 후상 견 (양 유 효 표 주 ; 몽
神氣淸韶…外絶榮競內寡私欲)
신 기 청 소… 외 절 영 경 내과 사 욕)

◇公利公欲(공리공욕) **公公(공공)의 利益(이익)과 公公(공공)의 慾求(욕구).**

①**公共利益(공공이익)** 公衆(공중) 社會(사회) 一般(일반)의 利益(이익).

●商君書壹言; 上開公利而塞私門以致民力私勞不顯於國私
○ 상 군 서 일 언; 상 개 공 리이 색 사 문 이 치민 력 사 로 부현 어 국 사
門不請於君若此而功名勸也
문 부 청 어 군 약 차 이공 명 권 야

●春秋左傳昭公二十六年; 士不濫官不滔大夫不收公利
○ 춘 추 좌 전 소 공 이십 육 년; 사 불 람 관 불 도대 부 불 수 공 리

②**公衆的欲望(공중적욕망)** 社會(사회) 여럿의 慾望(욕망).

●張子正蒙注中正; 惻然有動之心發生於太和之氣故苟有諸
○ 장 자 정 몽 주 중정; 측 연 유 동 지 심 발생 어 태 화 지 기 고극 유 제
己人必欲之合天下之公欲不違二氣之正乖戾之所以化也
기 인 필 욕 지 합 천 하지 공 욕부 위 이 기 지 정괴 려 지 소 이 화 야

◇**公益(공익)** 社會公共利益(사회공공리익). 公共(공공)의 利益(이익). 社會(사회) 構成員(구성원) 全體(전체)의 利益(이익).

●准風月談外國也有; 只有外國人說我們不同公益只知自利
○ 준 풍 월 담 외 국야 유; 지 유 외 국 인 설 아 문부 동 공 익 지지 자 리
爱金錢却還是没法辩解民國以來有過許多總統和闊官了下野
애 금 전 각 환 시 몰 법 변해 민 국 이래 유 과 허다 총 통 화 활관 료 하 야
之后都是面團團的或賦詩或看戲或念佛吃着不盡
지 후 도 시 면 단 단 적 혹부 시 혹 간희 혹 념 불 흘착 부 진

◈**知彼知己百戰不殆(지피지기백전불태)** 적을 알고 나를 알면 백

번을 싸운다 해도 무서울 것이 없다.

◆孫子兵法謀攻篇; 故知勝有五知可以戰與不可以戰
○ 손 자 병 법 모 공 편 ; 고 지 승 유 오 지 가 이 전 여 부 가 이 전
者勝識衆寡之用者勝上下同欲者勝以虞待不虞者勝將
자 승식 중 과 지 용 자 승 상 하 동 욕 자 승 이 우 대 부우 자 승 장
能而君不御者勝此五者知勝之道也故曰知己知彼百戰
능 이 군 부 어 자 승 차 오 자 지 승 지 도 야 고 왈 지 기 지 피 백 전
不殆不知彼而知己一勝一負不知彼不知己每戰必敗
부 태 부 지 피 이 지 기 일 승 일부 부 지 피 부 지 기 매 전 필 패

◈修身齊家治國平天下(수신제가치국평천하)

◆禮記大學; 古之欲明明德於天下者先治其國欲治其
○ 예 기 대 학 ; 고 지 욕 명 명 덕 어 천 하 자 선 치 기국 욕 치 기
國者先齊其家欲齊其家者先修其身欲修其身者先正其
국 자 선 제 기 가 욕 제 기 가 자 선 수 기 신 욕수 기 신 자 선 정 기
心欲正其心者先誠其意欲誠其意者先致其知
심 욕 정 기 심 자 선 성 기 의 욕 성 기 의 자 선 치 기 지

◇修身(수신) 陶冶身心(도야신심). 涵養德性(함양덕성). 儒家以修身爲教育八條目之一(유가이수신위교육팔조목지일). 마음과 行實(행실)을 바르게 하도록 心身(심신)을 닦는 일. 惡(악)을 물리치고 善(선)을 북돋아서 마음과 行實(행실)을 바르게 닦아 修養(수양)함.

●授杜元穎戶部侍郞依前翰林學士制; 其他語言監視本頁…
○ 수 두 원 영호 부 시 랑 의 전 한 림학 사 제; 기 타 어 언 감 시 본 혈…
而又詞源奧深機用周敏授之以詔而益辦扣之以疑而益明愼獨
이 우 사 원 오 심 기 용주 민수 지 이 조 이 익 판 구 지이 의 이익 명 신 독
以修身推誠以事朕
이 수 신 추 성 이 사 짐

●南腔北調集眞假堂吉訶德; 意思其實很明白是要小百姓埋
○ 남 강 북 조 집 진가 당 길 가 덕; 의사 기 실 흔 명 백 시 요소 백 성 매
頭治心多讀修身教科書儒家的修身包括守静存養自省慎独等
두 치 심 다 독 수 신교 과 서 유 가 적수 신 포 괄수 정 존 양 자성 신 독 등
內容
내 용

◇齊家(제가) 治家(치가). 집안을 바르게 다스림.

●風箏誤鬮鬨; 不會齊家會做官只因情法有嚴寬
○ 풍 쟁 오 규 홍 ; 불 회 제 가 회 주 관 지 인 정 법 유 엄 관

●禮記大學; 古之欲明明德於天下者先治其國欲治其國者先
○ 예 기 대 학; 고 지 욕 명 명 덕어 천 하 자 선 치기 국 욕 치기 국 자 선
齊其家欲齊其家者先修其身欲修其身者先正其心欲正其心者
제 기 가 욕 제기 가 자 선 수 기신 욕 수 기 신 자 선 정기 심 욕 정기 심 자
先誠其意欲誠其意者先致其知致知在格物
선 성 기 의 욕 성기 의 자 선 치기 지 치 지 재 격 물

◇治國(치국) 理國(리국). 나라를 다스림.

●管子問; 理國之道地德爲首與此類似文化地理決定論也是
○ 관 자 문; 이 국 지 도 지 덕 위수 여 차 류 사 문 화지 리 결 정 론야 시
以地德爲依據強調文化發展的得地之利因地之宜的特點
이 지 덕 위 의 거 강 조 문화 발 전 적득 지 지 리 인 지지 의 적 특 점

●舊五代史唐書莊宗紀四; 理國之道莫若安民勸課之規宜從
○ 구 오 대 사 당 서장 종 기 사; 이 국 지 도 막 약안 민 권 과 지규 의 종

薄賦
박부

①治理國家務(치리국가무) 나라를 다스리는 業務(업무).

●文心雕龍諸子; 逮及七國力政俊乂蜂起孟軻膺儒以磬折莊
○ 문 심 조 룡제 자; 체 급 칠 국 력 정 준 예 봉기 맹 가 응 유이 경 절 장
周述道以翱翔墨翟執儉確之教尹文課名實之符野老治國於地
주 술 도 이 고 상 묵 적집 검 확지 교 윤 문 과 명 실지 부 야 로 치국 어 지
利騶子養政於天文申商刀鋸以制理
리 추 자 양 정 어 천 문신 상 도거 이 제 리

●禮記大學; 古之欲明明德於天下者先治其國欲治其國者先
○ 예 기 대 학; 고 지 욕 명 명 덕어 천 하 자 선 치기 국 욕 치기 국 자 선
齊其家欲齊其家者先修其身欲修其身者先正其心欲正其心者
제 기 가 욕 제기 가 자선 수 기 신 욕 수 기 신 자 선 정기 심 욕 정기 심 자
先誠其意欲誠其意者先致其知致知在格物物格而後知至知至
선 성 기 의 욕성 기 의 자 선 치기 지 치 지 재 격 물물 격 이 후 지지 지 지
而後意誠意誠而後心正心正而後身修身修而後家齊家齊而後
이 후 의 성 의성 이 후 심 정 심 정이 후 신 수 신수 이 후 가 제가 제 이 후
國治國治而後天下平自天子以至於庶人壹是皆以修身為本其
국 치국 치 이 후 천 하 평 자 천 자이 지 어 서 인 일시 개 이 수 위 본 기
本亂而末治者否矣其所厚者薄而其所薄者厚未之有也此謂知
본 란 이 말 치 자 부 의기 소 후 자 박이 기 소 박 자후 미 지 유야 차 위 지
本此謂知之至也
본 차 위 지 지 지 야

②安定太平的國家(안정태평적국가) 일이나 마음이 平安(평안)하게 定(정)하여지고 世上(세상)이 無事(무사)하고 해마다 豊年(풍년)이 들며 禍亂(화란) 疾病(질병) 等(등)이 없이 平安(평안)한 나라.

●莊子人間世; 治國去之亂國就之醫門多疾願以所聞思其則
○ 장 자 인간 세; 치 국 거 지 란 국 취 지 의 문다 질 원 이소 문 사 기 즉
庶幾其國有瘳乎仲尼曰譆若殆往而刑耳夫道不欲雜雜則多多
서 기 기국 유 추 호 중 니 왈 희 약 태왕 이 형 이 부 도부 욕 잡 잡즉 다 다
則擾擾則憂憂而不救
즉 요 요 즉 우 우이 부 구
●管子明法; 所謂治國者主道明也所謂亂國者臣術勝也夫尊
○ 관 자 명 법; 소 위 치 국 자 주 도 명야 소 위 란국 자 신 술 승야 부 존
君卑臣非計親也以埶勝也百官識非惠也刑罰必也故君臣共道
군 비 신 비 계 친야 이 예 승 야 백 관식 비 혜 야 형 벌 필야 고 군신 공 도
則亂專授則失夫國有四亡
즉 란 전 수 즉실 부 국 유 사 망

◇齊家治國(제가치국) 整治家庭和治理國家(정치가정화치리국가). 집안을 바르게 다스린 여후에 나라를 다스림.

●禮記大學; 所謂治國必先齊其家者其家不可敎而能敎人者
○ 예 기 대 학; 소 위 치 국 필선 제 기 가 자 기가 불 가 교 이능 교 인 자
無之故君子不出家而成教於國孝者所以事君也弟者所以事長
무 지 고 군 자 부출 가 이 성 교어 국 효 자 소 이사 군 야 제 자 소이 사 장
也慈者所以使君也弟者所以事長也慈者所以使衆也
야 자 자 소 이 사 군야 제 자 소 이사 장 야 자 자소 이 사 중 야
●誤人桃源第一折; 我和爾韜光晦迹老山中煞强如齐家治国平天下
○ 오 인 도 원 제일 절; 아 화 이 도 광회 적 노 산 중 살 강 여제 가 치 국
평 천 하

◇平(평) 평평하다. 고르다.

①平定(평정) 平息(평식). 亂離(난리)를 平穩(평온)하게 鎭靜(진정)시킴. 차분하다.

평온하다.

●史記樂毅列傳; 燕昭王使樂毅復以兵平齊城之不下者樂毅
○ 사 기 악 의열 전; 연 소 왕 사 악 의 복 이 병평 제 성 지 불 하자 악 의
留徇齊五歲下齊七十餘城皆爲郡縣以屬燕唯獨莒卽墨未服
류 순 제 오 세 하 제 칠십 여 성개 위 군 현 이 속 연유 독 거 즉묵 미 복

●詩經小雅常棣; 喪亂旣平旣安且寧雖有兄弟不如友生儐爾
○ 시 경 소 아상 체; 상 란 기 평 기 안 차 녕수 유 형 제 부 여우 생 빈 이
籩豆飮酒之飫兄弟旣具和樂且孺妻子好合如鼓瑟琴兄弟旣翕
변 두 음 주 지어 형 제기 구 화 악 차 유 처 자 호 합여 고 슬 금 형제 기 흡
和樂且湛
화 악 차 담

②平和(평화) 宁靜(저정). 平穩(평온)하고 和睦(화목)함. 和合(화합)하고 安穩(안온)함. 戰爭(전쟁)이 없이 世上(세상)이 平穩(평온)함.

●呂氏春秋大樂; 大樂君臣父子長少之所歡欣而說也歡欣生
○ 여 씨 춘 추대 악; 대 악 군 신 부 자 장 소 지소 환 흔 이 설야 환 흔 생
於平平生於道道也者視之不見聽之不聞不可爲狀有知不見之
어 평 평 생 어 도 도야 자 시 지 부 견청 지 부 문 부가 위 상 유 지부 견 지
見不聞之聞無狀之狀者則幾於知之矣
견 부 문 지 문 무상 지 상 자 즉 기어 지 지 의

●從軍行; 烽火照西京心中自不平牙璋辭鳳闕鐵騎繞龍城雪
○ 종 군 행; 봉 화 조 서 경 심 중자 불 평 아 장사 풍 궐 철 기요 룡 성 설
暗凋旗畵風多染鼓聲宁爲百夫長胜作一書生
암 조 기 화 풍 다 염 고성 저 위백 부 장 성 작일 서 생

③平安(평안) 太平(태평). 無事(무사)히 잘 있음. 無事(무사)하여 걱정이 없음.

●水經注河水一; 又東北過武德縣東沁水從西北來注之引漢
○ 수 경 주하 수 일; 우 동 북 과 무 덕 현 동심 수 종 서 북래 주 지 인 한

京房易傳河水淸天下平
경 방 역 전 하 수 청 천하 평
●周易繫辭下; 危者使平易者使傾其道甚大百物不废惧以终
○ 주 역 계사 하; 위 자 사 평 역 자 사 경 기 도심 대 백 물 폐 구 이 종
始其要无咎此之谓易之道也
시 기 요 무 구차 지 위 역 지 도야

◇天下(천하) 指全世界(지전세계). 온 나라. 온 世界(세계). 하늘 아래의 온 世上(세상).

●呂氏春秋大樂; 天下泰平萬物安寧天下大治國泰民安天下
○ 여 씨 춘 추대 악; 천 하 태 평 만 물 안 녕 천하 대 치 국 태민 안 천 하
昇平兵連禍結兵荒馬亂天下大亂許多人在新年時都會許下天
승 평 병 련 화 결병 황마 란 천 하 대 란 허 다 인 재 신년 시 도 회 허 하 천
下太平這個願望沒有紛爭禍亂就是
하 태 평 저 개 원망 몰 유 분 쟁화 란 취 시

◇天下泰平(천하태평) 온 天下(천하)가 太平(태평)함. 世上(세상)이 잘 다스려져 평화로움.

●禮記仲尼燕居; 言而履之禮也行而樂之樂也君子力此二者
○ 예 기 중 니연 거; 언 이 리 지 예 야 행 이악 지 악 야 군 자력 차 이 자
以南面而立夫是以天下太平也諸侯朝萬物服體而百官莫敢不
이 남 면 이 립 부 시이 천 하 대 평야 제 후 조 만 물 복체 이 백 관막 감 불
承事矣禮之所興衆之所治也
승 사 의 례 지 소흥 중 지 소 치 야
●資治通鑑唐穆宗長慶元年; 雍…謂軍士曰今天下太平汝曹
○ 자 치 통 감 당 목종 장 경원 년 ; 옹 … 위 군 사 왈 금 천 하 태 평여 조
能挽兩石弓不若識一丁字由是軍中人人怨怒
능 만 량 석 궁부 약 식 일 정자 유 시 군 중 인 인원 노

◈誤謬(오류) 錯誤(착오). 그릇되어 理致(이치)에 어긋 남. 理致(이치)에 어긋난 認識(인식).

●三國志吳志韋曜傳; 曜箕以此求免而皓更怪其書之垢故又
○ 삼 국 지 오 지 위요 전; 요 기 이 차 구 면이 호 경 괴 기서 지 구고 우
以詰曜曜對曰囚撰此書實欲表上懼有誤謬數數省讀不覺點污
이 힐 요 요 대 왈 수찬차 서 실 욕 표 상 구 유 오 류수 수 성 독 부각 점 오
被問寒戰形氣吶吃謹追辭叩頭五百下兩手自搏
피 문 한 전 형 기눌 흘 근 추 사고 두 오 백 하 량 수자 박

●樊川集; 唐人詩文近多刻本亦多經校讎惟牧之集誤謬特甚
○ 번 천 집; 당 인 시 문 근 다 각본 역 다 경교 수 유 목 지 집오 류 특 심
予每欲求諸本訂正而未暇也書
여 매 욕 구 제 정 정 이 미 가 야 서

◈回顧(회고) 過去(과거)를 돌이켜 봄.

①回頭看(회두간) 뒤돌아 봄.

●隔浦蓮詞; 目盡野田平楚未用天涯悵間阻回顧斜陽猶在高
○ 격 포 연 사; 목 진 야 전 평초 미 용 천애 창 간 조 회고 사 양 유 재 고
樹
수

●翠鳥詩; 回顧生碧色動搖揚縹青幸脫虞人機得親君子庭馴
○ 취 조 시; 회 고 생 벽 색 동 요양 표 청 행 탈우 인 기 득 친군자 정 순
心托君素雌雄保百齡
심 탁 군 소 자 웅보 백 령

②顧念回想(고념회상) 뒷일을 염려하여 지난 일을 돌이켜 생각함.

●怜香伴惊遇; 救人井底將身誤歡處也須回顧如回顧戰鬪顾
○ 령 향 반 량 우; 구 인 정 저 장 신 오 환 처 야 수회 고 여 회고 전 투 고
的歷程回頭回頭看
적 력 정 회 두 회 두 간
●三國志魏志高堂隆傳; 上天不蠲眷然回顧宗國爲墟下夷干
○ 삼 국 지 위 지 고당 릉 전; 상 천 불 견 권 연 회고 종 국 위허 하 이 간
隸紂顯白旗桀放條天子之尊湯武有之豈伊异
례 주 현 백 기 걸 방 조천 자 지 존탕 무 유 지기 이 이

◈回心(회심) 改變心意(개변심의). 마음을 돌려 먹음. 邪惡(사악)한 마음을 돌려서 옳고 착하고 바른 길로 돌린 마음.

①改變心意(개변심의) 마음과 뜻을 고치어 바꿈.

●漢書禮樂志; 夫移風易俗使天下回心而鄉道類非俗吏之所
○ 한 서 예 악 지; 부 이 풍 역 속사 천 하 회 심이 향 도 류 비속 리 지 소
能爲也夫立君臣等上下使綱紀有序六親和睦此非天之所爲為
능 위 야 부 립 군 신등 상 하 사 강기 유 서 륙 친 화 목차 비 천 지소 위 위
人之所設也人之所設不爲不立不修則壞
인 지 소 설 야 인 지소 설 부 위 부립 부 수 칙 괴
●回心; 何謂回心曰去惡而從善捨非而從是人或知之而不能
○ 회 심; 하 위 회 심 왈 거 악이 종 선 사 비이 종 시 인 혹 지지 이 부 능
徙以爲如制悍馬如斡磻石之難也靜而思之在我而已如轉户樞
사 이 위 여 제 한마 여알 반 석 지 난 야 정 이 사 지 재아 이 이 여 전 호 추
何難之有什么意思
하 난 지 유 십 요 의 사

②轉念(전념) 생각을 바꾸다. 다시 생각하다. 정신을 차리다. 제정신이 들다.

●紅樓夢第九十回; 却自己回心一想他到底是嫂子那里就有
○ 홍 루 몽 제 구십 회; 각 자 기 회 심 일 상 타도 저 시 수 자 나 리취 유
別的講究了呢
별 적 강 구 료 니
●花邊文學大雪紛飛; 那幺回心一想一定可以記得他們有許
○ 화 변 문 학 대 설분 비; 나 요 회 심 일 상 일 정 가 이기 득 타 문 유 허
多賽過文言文或白話文的好話
다 새 과 문 언 문 혹 백화 문적 호 화

◈反省(반성) 回想自己思想行爲(회상자기사상행위). 자기의 지난날 行爲(행위)에 대하여 스스로 그 善惡(선악), 可否(가부)를 考察(고찰) 善(선)으로 돌아 섬.

●呂梁英雄傳第四十五回; 有几个老漢被老武的反省感動得
○ 여 량 영 웅 전 제 사십 오 회; 유 궤 개 노 한 피 노무 적 반 성감 동 득
哭起來了他們活了一輩子還没見過這样奇怪的事
곡 기 래 료 타 문 활 료일 배 자 환 몰 견과 저 양 기괴 적 사
●半農雜文自序; 雖承愛我的朋友們這样鼓勵我其結果却促
○ 반 농 잡 문 자 서; 수 승 애 아 적 붕 우 문 저 양고 려 아 기 결과 각 촉
動了我的嚴刻的反省…我這部集子實在并不全有許多東西已
동 료 아 적 엄 각 적 반 성…아 저 부 집 자 실 재 병부 전 유 허 다동 서 이
經找不着有許多爲版权所限不能用有許多實在要不得
경 조 부 착 유 허다 위 판 권 소 한 부능 용 유 허 다실 재요 부 득

◈覺醒(각성) 省悟(성오). 覺悟(각오). 자기의 잘못을 깨달음. 눈을 떠서 精神(정신)을 차림. 사람의 注意(주의)를 喚起(환기)시킴.

●幻滅八; 這不是虛榮心這是責任心的覺醒我們眞實的本质
○ 환 멸 팔; 저 불 시 허 영 심 저 시책 임 심 적각 성 아 문 진 실적 본 질
是靈性而不是這暫時的人身
시 령 성 이 부 시 저 잠시 적 인 신

◈遵法(준법) 遵守法紀(준수법기). 法令(법령)을 지킴.

●人物志接識; 術謀之人以思謨爲度故能成策略之奇而不識
○ 인 물 지 접 식; 술 모 지 인 이사 모 위 도 고 능 성 책략 지 기 이 부 식
遵法之良器能之人以辨護爲度故能識方略之规而不知制度之
준 법 지 량 기 능 지 인이 변 호 위 도고 능 식 방 략 지규 이 부 지제 도 지
原
원
●續資治通鑑宋眞宗天僖元年; 旦爲宰相務遵法守度重改作
○ 속 자 치 통 감 송 진 종천 희 원 년; 단 위 재상 무 준 법 수도 중 개 작
善於議奏言簡理順
선 어 의 주 언 간 리 순

◈善行(선행) 美好品行(미호품행). 美好行爲(미호행위). 착하고 어진 행실을 함.

●禮記曲禮上; 博聞强識而讓敦善行而不怠謂之君子
○ 예 기 곡례 상; 박 문 강 식 이 양 돈 선 행이 불 태 위 지 군 자
●孟子盡心上; 盡其心者知其性也知其性… 孟子曰求則得之
○ 맹 자 진 심 상; 진 기 심 자 지기 성 야 지 기 성 … 맹 자 왈 구즉 득 지
舍則失之是求有益於得也求在我者也求之有…及其聞一善言
사 즉 실 지 시 구 유익 어득 야 구 재 아 자 야 구 지 유… 급 기 문 일 선 언
見一善行若決江河沛然莫之能禦也
견 일 선 행 약 결 강 하패 연 막 지 능어 야

◈善政(선정) 清明政治(청명정치).

良好政令(양호정령). 바르고 올바른 政治(정치).

●書經大禹謨; 德惟善政政在養民水火金木土穀惟修正德利
○ 서 경 대 우 모; 덕 유 선 정 정재 양 민 수 화 김 목토 곡 유 수 정 덕 리
用厚生惟和九功惟敘九敘惟歌戒之用休董之用威勸之以九歌
용 후 생 유 화 구 공 유서 구서 유 가 계 지 용 휴 동지 용 위 권 지이 구 가
俾勿壞
비 물 괴

●南史垣護之傳; 木連理上有光如燭咸以善政所致
○ 남 사 원 호지 전; 목 연 리 상 유 광 여 촉 함이 선 정 소 치

◈遵守(준수) 依照規定行動不違背(의조규정행동불위배). 規則(규칙) 法令(법령) 등을 그대로 좇아서 지킴.

●封神演義第三十回; 今元旦遵守朝廷國禮進宮朝賀乃敬上
○ 봉 신 연 의 제 삼십 회; 금 원 단 준 수 조 정국 례 진 궁 조하 내 경 상
守法之臣任信潑賤誆彼上樓昏君爾愛色不分網常絶滅彝倫爾
수 법 지 신 임 신 발 천광 피 상 루 혼군 이 애 색 부 분 망상 절 멸이 륜 이
有辱先王汚名簡册黃妃把紂王罵得默默無言
유 욕 선 왕 오 명 간책 황 비 파 주 왕매 득 묵 묵 무 언

●銘坐右; 愼言渾不畏忍事又何妨國法須遵守人非莫舉揚無
○ 명 좌 우; 식 언 혼 부 외 인 사우 하 방 국 법 수 준수 인 비 막거 양 무
私仍克巳直道更和光此箇如端的天應降吉祥酬陳齊民見寄種
사 잉 극 사 직 도 경화 광 차 개 여 단적 천 응 강 길 상수 진 제 민견 기 종
放竹扉常晝掩幽僻置身安自委漁樵分
방 죽 비 상 주 엄 유벽 치 신 안 자 위어 초 분

◈始終如一(시종여일) 終始如一(종시여일). 自始至終都一样(자시지종도일

양). 처음부터 끝까지 변함없이 한결같음.

●朱子語類卷五八; 金聲玉振金聲有洪殺始震終細玉聲則始
○ 주 자 어 류 권오 팔; 금 성 옥 진 금 성 유 홍 살시 진 종세 옥 성 즉 시
終如一
종 여 일

●明史潘庭堅傳; 主公躬行節儉眞可示法子孫惟願終始如一
○ 명 사 반 정 견 전; 주 공 궁 행 절 검진 가 시 법자 손 유 원종 시 여 일
太祖嘉其直賜之幣他日又進曰句容虎為害既捕獲宜除之今豢
태 조 가 기 직 사 지폐 타 일 우 진 왈구 용 호 위 해기 포 획 의제 지 금 환
養民間何益太祖欣然即命殺虎
양 민 간 하 익 태 조흔 연 즉 명 살 호

◈乘勝長驅(승승장구) 거침없이 成功(성공)의 街道(가도)를 달리다.

◇乘勝(승승) 趁着胜利的形勢(진착성리적형세). 싸움 따위에서 이기는 形勢(형세)를 탐.

●後漢書宋俊傳; 乘勝逐北數十里斬首萬餘級忠等遂降而秦
○ 후 한 서 송 준 전; 승 승 축 북수 십 리 참수 만 여 급 충 등수 강 이 진
頡積忿忠遂殺之餘衆懼不自安復以孫夏爲帥還屯宛中雋急攻
힐 적 분 충 수 살지 여 중 구 부 자 안복 이 손 하 위 수환 둔 완 중 준 급 공
之夏走追至西鄂精山又破之
지 하 주 추 지 서 악 정산 우 파 지

●史記孫子吳起列傳; 齊因乘勝盡破其軍虜魏太子申以歸孫
○ 사 기 손 자 오 기열 전; 제 인 승 승 진 파 기 군 로위 태 자 신이 귀 손
臏以…其少時家累千金
빈 이 … 기 소 시 가 루천 금

游仕不遂遂破其家鄉黨笑之吳起殺其謗己者三十餘人而東出
유 사 부 수 수 파 기가 향 당 소 지 오기 살 기 방 기 자 삼 십여 인이 동 출

衛郭門
위 곽 문

◇長驅(장구) 向前奔馳不止(향전분치불지). 말을 타고 멀리 달려 나감. 거침없이 前進(전진)함.

●漢書韓安國傳; 今將卷甲輕擧深入長敺難以爲功(顔師古注;
○ 한 서 한 안 국 전; 금 장 권 갑 경 거심 입 장 구난 이 위공 (안 사 고 주 ;
敺與驅同)
구 여 구 동)

●古今小說梁武帝累修歸极樂; 衍軍長驅進至宣陽門蕭衍兄
○ 고 금 소 설 양 무 제 루 귀 겁 악; 연 군 장 구 진 지 선 양문 소 연 형
弟子侄皆集
제 자 질 개 집

◈無事太平(무사태평) 아무탈없이 便安(편안)함. 어떤 일이든지 安逸(안일)하게 생각하여 근심 걱정이 없음.

◇無事(무사) 無故(무고). 아무 탈이 없이 편안함. 장애가 없음. 걱정이 없음. 무위법(無爲法)과 같음.

①沒有變故(몰유변고) 災變(재변)이나 事故(사고)가 없다.

●史記平準書; 漢興七十餘年之間國家無事非遇水旱之災太
○ 사 기 평 준 서; 한 흥 칠 십 여 년지 간 국 가 무사 비 우 수 한지 재 태

倉之粟新陳相因充溢露積於外至腐敗不可食也顯示整段至武
창 지 속 신 진 상 인충 일 로 적 어 외지 부 패 부 가식 야 현 시 정단 지 무
帝之初七十年間國家亡事顯示相似段落
제 지 초 칠 십 년 간 국가 망 사 현시 상 사 단 락
●禮記王制; 天子無事與諸侯相見曰朝(鄭玄注; 事謂征伐)考
○ 예 기 왕 제; 천 자 무 사 여 제 후상 견 왈 조 (정 현 주; 사 위 정 벌) 고
禮正刑一德以尊于天子天子賜諸侯樂則以柷將之賜伯子男樂
례 정 형 일 덕 이존 우 천 자 천 자 사 제후 악즉 이 축 장 지사 백 자 남 악
則以鼗將之諸侯賜弓矢然後征賜鈇鉞然後殺賜圭瓚然後爲鬯
즉 이 도 장 지제 후 사 궁 시 연 후 정사 부 월 연후 살 사 규 찬 연후 위 창
未賜圭瓚則資鬯于天子
미 사 규 찬 즉 자창 우 천 자

②無所事事(무소사사) 아무 일도 하지 않다. 아무 일도 하는 것이 없다.

●孟子集註滕文公下; 曰否士無事而食不可也(註; 言不以舜
○ 맹 자 집 주 등 문공 하; 왈 부 사 무 사 이 식불 가 야 (주; 언 불 이 순
爲泰但謂今之士無功而食人之食則不可也)
위 태 단 위 금 지사 무 공 이 식인 지 식 즉 불가 야)
●漢書張儀列傳; 張儀旣相秦爲文檄告楚相曰始吾從若飮我
○ 한 서 장 의 열전; 장 의 기 상 진 위 문 격고 초 상 왈시 오 종 약 음 아
不盜而璧若笞我陳軫曰公何好飮也犀首曰無事也
부 도 이 벽 약 태 아 진진 왈공 하 호 음 야 서수 왈 무 사 야

◇太平(태평) 世上(세상)이 無事(무사)하고 平安(평안)함. 世上(세상)이 無事(무사)하고 해마다 豊年(풍년)이 들며 禍亂(화란), 疾病(질병) 等(등)이 없이 平安(평안)함.

①謂時世安寧和平(위시세안녕화

평) 그때의 世上(세상)은 걱정이나 탈이 없고 和睦(화목)하고 平和(평화)스러웠다고 이른다.

●史記秦始皇本紀; 夫爲寄豭殺之無罪男秉義程妻爲逃嫁子
○ 사 기 진 시 황 본 기; 부 위 기가 살 지 무 죄 남 병의 정 처 위 도가 자
不得母咸化廉清大治濯俗天下承風蒙被休經皆遵度軌和安敦
부 득 모 함 화 렴 청 대치 탁 속천 하 승 풍 몽 피휴 경 개 준 도궤 화 안 돈
勉莫不順令黔首脩絜人樂同則嘉保太平後敬奉法常治無極輿
면 막 부 순 령 검 수수 혈 인 락 동 즉가 보 태 평후경 봉 법 상 치 무 극 여
舟不傾從臣誦烈請刻此石光垂休銘
주 부 경 종 신 송 렬청 각 차 석 광수 휴 명

●古今小說窮馬周遭際賣鎚媪; 凡天下有才有智之人無不擧
○ 고 금 소 설 궁 마 주조 제 매 퇴 온; 범 천 하유 재 유 지지 인 무 불 거
薦在位盡其抱負所以天下太平萬民安樂
천 재 위 진 기 포부 소 이 천 하태 평 만 민 안 락

②泛指平靜無事(범지평정무사) 일반적으로 아무 탈없이 平穩(평온)하다고 이른다.

●警世通言卷三四王嬌鸞百年長恨; 店主人見張客無事偶語
○ 경 세 통 언 권 삼 사왕 교 란백 년 장 한; 점 주 인 건 장 객 무사 우 어
及此房內曾有婦人縊死往往作怪今番却太平了
급 차 방 내 증 유부 인 액 사 왕 왕작 괴 금 번 각태 평 료

●巴金家三九; 带着那幺多銀元路上很不方便幸而最近這一
○ 파 금 가 삼 구; 대 착 나 요 다 은 원로 상 흔 불 방 편행 이 최 근 저 일
路還太平覺慧答道是的幸而這一路還太平覺新机械地念道
로 환 태 평 각 혜 답 도시 적 행 이저 일 로 환 태 평각 신 궤 계 지 념 도

◈國泰民安(국태민안) 國家太平

國民安樂(국가태평국민안락). 나라가 太平

(태평)하고 국민이 便安(편안)함.

●夢粱錄山川神; 忠清廟在吳山其神姓伍名員乃楚大夫奢之
○ 몽 양 록 산천 신; 충 청 묘 재 오 산 기 신 성오 명 원 내 초 대부 사 지
子自唐立祠至宋亦祀之
자 자 당 립 사지 송 역사 지
每歲每潮大溢衡激州城春秋醮祭詔命學士院撰青詞以祈國泰
매 세 매 조 대 일형 격 주 성 춘 추 초제 조 명 학 사 원찬 청 사 이기 국 태
民安累錫美號曰忠武英烈
민 안 루 석 미 호 왈 충무 영 열

●桃花扇第一幕; 自從圣上等基相爺入閣眞是風調雨順國泰
○ 도 화 선 제일 막; 자 종 골 상 등 기 상야 입 각 진 시 풍 조우 순 국 태
民安
민 안

◈幸福(행복) 謂祈望得福(위기망득복). 心身(심신)의 慾求(욕구)가 充足(충족)되어 조금도 不足(부족)함이 없는 常態(상태).

●新唐書李蔚等傳贊; 至憲宗世遂迎佛骨於鳳翔內之宮中韓
○ 신 당 서 이 울 등전 찬; 지 헌 종 세 수 영 불골 어 봉 상 내 지궁 중 한
愈指言其弊帝怒竄愈瀕
유 지 언 기 폐 제 노 찬유 빈
死憲亦弗獲天年幸福而禍無亦左乎懿宗不君精爽奪迷復蹈前
사 헌 역 불 획 천 년 행복 이 화 무역 좌 호 의 종 불군 정 상 탈 미복 도 전
車而覆之
차 이 복 지

●默觚下治篇; 不幸福斯無禍不患得斯無失不求榮斯無辱不
○ 묵 고 하 치편 ; 불 행 복 사 무 화부 환 득 사 무 실불 구 영사 무 욕 불
干譽斯無毁
간 예 사 무 훼

◈福祉國家(복지국가) 國民(국민)의 生存權(생존권)을 積極的(적극적)으로 保障(보장)하고 國民(국민)의 福祉(복지) 增進(증진)을 圖謀(도모)하는 國家(국가).

◇福祉(복지) 幸福(행복)과 利益(이익). 좋은 건강, 윤택한 생활, 안락한 환경들이 어우러져 행복을 누릴 수 있는 상태.

●韓詩外傳卷三; 將修禮以齊朝正法以齊官平政以齊下然后
○ 한 시 외 전 권 삼; 장 수 례 이 제 조 정 법 이 제 관평 정 이 제하 연 후
節奏齊乎朝法則度量正乎官忠信愛刑平乎下如是百姓愛之如
절 주 제 호 조 법 즉도 량 정 호 관충 신 애 형 평 호 하여 시 백 성애 지 여
父母畏之如神明是以德澤洋乎海內福祉歸乎王公
부 모 외 지 여 신 명시 이 덕 택 양 호 해내 복 지 귀호 왕 공

●祭獨孤中丞文; 共升於朝亦又多年或外或內莫余或捐君齒
○ 제 독 고 중 승 문; 공 승 어 조역 우 다 년 혹외 혹 내 막여 혹 연 군 치
少我髮鬢都元豐盈角犀
소 아 발 빈 도 원풍 영각 서
氣茂神全當臻上壽福祉昌延何為發瘍針藥弗蠲有妻旣喪有子
기 무 신 전 당 진상 수 복 지 창 연하 위 발 양 침 약 불견 유 처기 상 유 자
童然
동연

◇國家(국가) 나라의 法的(법적)인 號稱(호칭)으로 一定(일정)한 領土(영토)를 가지며 거기에 居住(거주)하는 多數人(다수인)으로써 構成(구성)되어 하나의 統治

(통치) 組織(조직)을 갖는 團體(단체). 統治權(통치권), 領土(영토), 國民(국민)의 3要素(요소)로써 成立(성립)됨.

●孟子离類上; 人有恆言皆曰天下國家天下之本在國國之本
○ 맹 자 이루 상; 인 유 항 언 개 왈 천 하 국가 천 하 지 본 재국 국 지 본
在家家之本在身(越岐注; 國謂諸侯之國家謂卿大夫也)恒胡登
재 가 가 지 본 재 신(월 기 주 ; 국 위 제 후 지 국가 위 경 대 부 야) 항호 등
反恒常也虽常言之而未必知其言之有序也故推言之而又以家
반 항 상 야 수 상 언지 이 미 필 지 기언 지 유서 야 고추 언 지 이 우 이 가
本乎身也
본 호 신 야

●周易繫辭下; 君子安而不忘危存而不忘亡治而不忘亂意思
○ 주 역 계 사 하; 군 자 안 이 불 망 위 존 이 불 망망 치 이 부 망란 의 사
是君子在國家安定的時候要不忘危險險國家存在的時候要不
시 군 자 재 국 가 안 정적 시 후 요 부 망위 험 험 국가 존 재 적시 후 요 부
忘敗亡國家大治的時候要不忘變亂
망 패 망 국가 대 치 적 시 후 요부 망 변 란

◈大韓民國(대한민국)

◇大韓(대한) 朝鮮(조선) 高宗(고종) 30년(1897)년 8월 16일부터 韓日倂合(한일병합) 때까지의 우리나라의 國號(국호).

◇民國(민국) 民主國家(민주국가)의 준말. 民主(민주) 政治(정치)를 하는 나라.

●民權初步自序; 何爲民國美國總統林肯氏有言曰民之所有
○ 민 권 초 보 자서; 하 위 민 국 미 국 총 통 림 긍씨 유 언 왈 민지 소 유

民之所治民之所享此之謂民國也何謂民權卽近來瑞士國所行
민 지 소 치 민 지소 향차 지 위 민 국 야 하 위 민 권 즉 근래 서 사국 소 행
之制民有選擧官吏之權民有罷免官吏之權民有選擧官吏之權
지 제 민 유 선거 관 리 지 권 민 유파 면 관 리 지 권민 유 선 거관 리 지 권
民有罷免官吏之權民有創制法案之權民有複決法案之權此之
민 유 파 면 관 리 지권 민 유 창 제 법 안지 권 민 유복 결 법 안 지권 차 지
謂四大民權也必具有此四大民權方得謂爲純粹之民國也革命
위 사대 민 권 야 필 구 유 차 사대 민 권 방 득 위 위 순수 지 민 국야 혁 명
黨之誓約曰恢復中華創立民國蓋欲以此世界至大至優之民族
당 지 서 약 왈 회 복중 화 창 립 민국 개 욕 이 차 세계 지 대 지우 지 민 족
而造一世界至進步至莊嚴至富強至安樂之國家而為民所有爲
이 조 일 세 계 지 진보 지 장 엄 지부 강 지 안 악지 국 가 이 위민 소 유 위
民所治爲民所享者也
민 소 치 위 민소 향 자 야

◇萬歲(만세) 永遠(영원)한 繁榮(번영)을 위하여 외치는 소리. 오랜 歲月(세월). 오래오래 살면서 繁榮(번영)함.

①萬年萬代(만년만대) 아주 오랜 歲月(세월). 아주 멀고 오랜 世代(세대).

●莊子齊物論; 越辭不受官位名傳後世萬世不忘豈可及哉…
○ 장 자 제 물론; 월 사 불 수 관 위 명 전 후 세만 세 불 망 기가 급 재 …
耿國認爲可以采納讓其去抵御鮮卑烏桓使中原無晏开之警是
경 국 인 위 가 이채 납 양 기 거저 어 선 비조 환 사 중 원무 안 개지 경 시
一个萬世有安寧之策
일 개 만 세 유 안 녕 지 책

●荊南兵馬使太常卿越公太食刀歌; 趙公玉立高歌起攬環結
○ 형 남 병 마 사 태 상경 월 공 태식 도 가; 조 공 옥 립 고 가 기 람 환 결
佩相終始萬歲持之護天子得君亂絲與君理蜀江如線如針水荊
패 상 종 시 만 세 지 지호 천 자 득군 란 사 여 군 리촉 강 여 선 여침 수 형

岑彈丸心未已賊臣惡子休幹紀魑魅魍魎徒爲耳妖腰亂領敢欣
잠 탄 환 심 미 이 적 신악 자 휴 간 기리 매 망 량 도위 이 요 요 란령 감 흔
喜
희

②萬年萬代(만년만대) 祝願(축원)하는 말씀.

●陔餘叢考萬歲; 蓋古人飮酒必上壽稱慶曰萬歲其始上下通
○ 해 여 총 고만 세; 개 고 인 음 주 필 상 수 칭경 왈 만 세 기시 상 하 통
用爲慶賀之詞猶俗所云萬福萬幸之類耳因殿陛之間用之後乃
용 위 경 하 지 사 유속 소 운 만 복 만 행 지류 이 인 전폐 지 간 용지 후 내
遂爲至尊之專稱而民間口語相沿未改故唐末猶有以爲慶賀者
수 위 지 존 지 전 칭이 민 간 구 어상 연 미 개 고 당말 유 유 이 위경 하 자
久之遂莫敢用也
구 지 수 막 감 용 야
●戰國策齊策四; 載齊國孟嘗君派其食客馮諼到自己的封邑
○ 전 국 책 제 책사; 재 제 국 맹 상 군 파 기 식 객풍 훤 도 자 기적 봉 읍
薛地去收債馮諼於是約車治裝載劵契而行…馮諼驅而之薛使
설 지 거 수 채 풍훤 어 시약) 차 치 장 재 권계 이 행…풍 훤 구 이 지 설 사
吏召諸民償債者悉來合劵劵徧合起矯命以責賜諸民因燒其劵
리 소 제 민 상 채 자 실래 합 권 권편 합 기 교 명 이책 사 제 민 인소 기 권
民稱萬歲陰凶亡國
민 칭 만 세 음 흉 망 국

◈愛國歌(애국가) 나라를 사랑하는 뜻으로 온 國民(국민))이 부르는 노래. 우리나라 國歌(국가)의 名稱(명칭).

1. 동해물과 백두산이 마르고 닳도록 하느님이 보우하사 우리나라 만세

무궁화 삼천리 화려 강산 대한 사람 대한으로 길이 보전하세

2. 남산 위에 저 소나무 철갑을 두른 듯 바람 서리 불변함은 우리 기상일세 무궁화 삼천리 화려 강산 대한 사람 대한으로 길이 보전하세

3. 가을 하늘 공활한데 높고 구름 없이 밝은 달은 우리 가슴 일편단심일세 무궁화 삼천리 화려 강산 대한 사람 대한으로 길이 보전하세

4. 이 기상과 이 맘으로 충성을 다하여 괴로우나 즐거우나 나라 사랑하세 무궁화 삼천리 화려 강산 대한 사람 대한으로 길이 보전하세

◈愛國心(애국심)

愛自己的國(애자기적국). 自己(자기) 나라를 사랑하는 마음.

◆자기가 屬(속)해 있는 나라를 사랑하고 그 사랑을 바탕으로 國家(국가)에 대하여 獻身(헌신)하려는 意識(의식) · 信念(신념). 그러나 近代的(근대

적) 愛國心(애국심)은 未開社會(미개사회)나 古代(고대)의 都市國家(도시국가)와 같은 小社會(소사회)에 대한 愛情(애정)과는 質的(질적)으로 다르다. 그것은 유럽 封建制度(봉건제도)의 沒落(몰락), 民主主義(민주주의)의 發達(발달)을 條件(조건)으로 成立(성립), 특히 新興(신흥) 부르주아지에게는 解放的(해방적)인 意味(의미)를 가진다. 18 세기 中葉(중엽)부터 프랑스에서는 국민(nation)이라는 말이 자랑스럽게 사용되고 進步派(진보파)는 스스로를 愛國者(애국자)라고 稱(칭)하였다. 네덜란드의 共和主義者(공화주의자)도 愛國者(애국자)라 稱(칭)하고 그 運動(운동)을 愛國者革命(애국자혁명)이라고 불렀다. 이처럼 近代的(근대적) 愛國心(애국심)의 意味(의미)는 '참다운 祖國(조국)은 서로 對抗(대항)하지 않고 平和的(평화적)으로 共存(공존)하며 家族的(가족적)으로 相扶相助(상부상조)하는 것' 이었으나, 그것이 絶對主義國家(절대주의국가)의 權力(권력)에 의하여 操作(조작)되거나 資本主義國家(자본주의국가)의 內部矛盾(내부모순) 속에서 이용되면서 侵略主義(침략주의)의 性格(성격)을 띠게 되었다. 그러한 예로 日本(일본)을 들 수 있다. 메이지유신[明治維新(명치유신)] 후에 成立(성립)된 絶對主義政府(절대주의정부)는 義務敎育(의무교육)을 통하여 國民(국민)의 愛國心(애국심)을 忠國(충국)에

從屬(종속)시키는 한편, 家父長制(가부장제) 家族主義(가족주의)에 基礎(기초)하는 社會有機體說(사회유기체설)을 導入(도입)하여 家族國家觀(가족국가관)을 形成(형성)시켰다. 그러한 狀況(상황)속에서 民主主義勢力(민주주의세력)은 항상 非愛國者(비애국자)·國賊(국적)등 으로 몰려 排斥(배척)되고, 敎化(교화)된 국민의 愛國心(애국심)은 軍國主義(군국주의)의 侵略道具(침략도구)로 利用(이용)되었다. 그 밖에도 나치스 독일을 비롯한 여러 全體主義國家(전체주의국가)의 支配層(지배층)은 國民敎育(국민교육)을 통하여 또는 매스커뮤니케이션 등의 機構(기구)를 利用(이용)하여 愛國心(애국심)을 操作(조작), 帝國主義的(제국주의적) 侵略(침략)을 正當化(정당화)하였다. 그러나 全體國民(전체국민)의 利益(이익)을 代表(대표)하는 國家(국가)에서의 眞正(진정)한 愛國心(애국심)은 職場(직장)이나 家族(가족)·鄕土(향토)에 대한 愛情(애정)과 矛盾(모순)됨이 없이 結付(결부)되어 平和的(평화적) 性格(성격)을 지닌다. 거기에는 病的(병적)인 合理化(합리화)나 攻擊的(공격적) 態度(태도)가 없으며, 다만 侵略者(침략자)에 대하여는 生活(생활)과 幸福(행복)을 지키기 위하여 國民(국민)은 自發的(자발적)으로 愛國者(애국자)로서 團結(단결)한다. 壬辰倭亂(임진왜란) 당시의 義兵(의병)과 僧兵(승병)의 蜂起(봉기)는 비

록 당시의 국체(國體)가 封建君主制度(봉건군주제도)라 하여도 오로지 나라를 살리려는 自發的(자발적) 愛國心(애국심)이었으며, 결코 操作(조작)되거나 强要(강요)된 愛國心(애국심)은 아니었다. 3 ·1 운동이라는 擧族的(거족적)인 抗日獨立運動(항일독립운동)도 支配者(지배자)에 의한 慫慂(종용)도 操作(조작)도 아니었으며, 오히려 國家(국가)의 支配權(지배권)을 確立(확립)하려는 愛國運動(애국운동)이었다는 점에서 世界歷史(세계역사)가 말하는 愛國心(애국심)과는 그 根源(근원)을 달리한다. 요컨대 國民(국민)은 自身(자신)의 나라가 眞實(진실)로 국민을 위하고 平和(평화)를 사랑하는 나라가 되었을 때 또는 그러한 나라를 만들기 위하여 發揮(발휘)하는 愛國心(애국심)이라야 참된 愛國心(애국심)이다. (出處; 두산백과)

①愛國(애국) 자기 나라를 사랑함. 나라를 사랑하는 마음.

●戰國策西周策; 游騰謂楚王曰昔智伯欲伐厹由遺之大鐘钟
○ 전 국 책 서주 책; 유 등 위 초 왕 왈 석 지 백욕 벌 구 유 유지 대 종 종
載以廣車因隨入以兵厹由卒亡武備故也桓公伐蔡也號言伐楚
재 이 엄 차 인 수 입 이병 구 유 졸망 무 비 고 야 환 공벌 채 야 호언 벌 초
其實襲蔡今秦虎狼之國也兼有呑周之意…周君豈能無愛國哉
기 실 습 채 금 진 호랑 지 국 야 겸 유탄 주 지 의… 주 군 기 능 무애 국 재
●抱朴子廣譬; 抱朴子曰烈士之愛國也如家奉君也如親則不
○ 포 박 자 광 비; 포 박 자 왈 열 사지 애 국 야여 가 봉 군 야 여 친즉 불
忠之事不爲其罪矣仁人之視人也如己待疏也猶密則不恕之怨
충 지 사 불 위기 죄 의 인 인 지 시인 야 여 기 대 소야 유 밀 즉 불서 지 원

不爲其責矣
불 위 기 책 의

②心(심) 마음.

(1)思想(사상) **意念(의념). 感情的通稱(감정적통칭).** 思惟(사유)를 通(통)하여 생겨나는 생각. 思考(사고) 作用(작용)의 結果(결과)로 생기는 意識(의식) 內容(내용). 論理的(논리적) 整合性(정합성)을 가진 判斷(판단) 體系(체계). 社會(사회)와 人生(인생)에 對(대)한 原理的(원리적)으로 統一(통일)된 見解(견해)나 觀點(관점), 또는 態度(태도). 생각. 見解(견해). 關念(관념).

●周易繫辭上; 君子故道或出或處或默或語二人同心其利斷金其臭如蘭
○ 주 역 계 사상; 군 자 고 도 혹 출 혹 처 혹 묵 혹어 이 인 동 심 기리 단 금 기 취 여 란

●秋輿詩之一; 叢菊兩開他日淚孤舟一繫故園心兩開對一繫習氣太重
○ 추 흥 시 지일; 총 국 양 개 타 일 루 고 주 일계 고 원 심 량 개대 일 계 습 기 태 중

(2)本性(본성) 性情(성정). 사람이 본디부터 가진 性質(성질). 事物(사물)이나 現象(현상)에 본디부터 있는 固有(고유)한 特性(특성). 성질(性質)과 심정(心情) 사람이나 動物(동물)이 본디부터 가지고 있는 마음의 바탕과 各種(각종)의 權利關係(권리관계)를 超越(초월)한, 어떠한 客體(객체)에도 사로잡히지 않은 마음.

●韓非子觀行; 古之人目短於自見故以鏡觀面智短於自知故
○ 한 비 자 관행; 고 지 인 목 단 어 자 견 고이 경 관 면 지 단어 자 지 고
以道正己故鏡無見疵之罪道無明過之怨目失鏡則無以正鬚眉
이 도 정 기 고 경 무 견자 지 죄 도무 명 과 지 원 목 실경 즉 무 이 정수 미
身失道則無以知迷惑西門豹之性急故佩韋以自
신 실 도 즉 무이 지 미 혹 서 문 표 지성 급 고 패 위이 자
緩董安于之心緩故佩弦以自急故以有餘補不足以長續短之謂
완 동 안 우 지 심 완고 패 현 이 자 급고 이 유 여 보부 족 이 장 속단 지 위
明主
명 주

●周易復卦; 復其見天地之心乎天地之心何心也親上親下類
○ 주 역 복 괘; 복 기 견 천 지지 심 호 천 지 지심 하 심 야 친상 친 하 류
聚群分化機滿盈孰非天地生生之心乎
취 군 분 화 기 만 영숙 비 천 지 생 생지 심 호

⑶思慮(사려) 謀划(모화). **여러 가지 일에 關(관)한 깊은 생각과 근심. 마음속으로 分別(분별)함. 또는 그 分別(분별). 가르기를 圖謀(도모)함.**

●古今小說滕大尹鬼斷家私; 老頭子搖著頭說出幾句道在一
○ 고 금 소 설 등 대 윤귀 단 가 사; 노 두 자 요 저두 설 출 기구 도 재 일
日管一日替爾心替爾力掙些利錢穿共吃直待兩腳壁立直那時
일 관 일 일 체 이심 체 이 력 쟁 사 리 전천 공 흘 직대 량 각 벽 립직 나 시
不關我事得
부 관 아 사 득

●呂氏春秋精諭; 故勝書能以不言說而周公旦能以不言聽此
○ 여 씨 춘 추 정유; 고 승 서 능 이 부 언 설이 주 공 단 능 이부 언 청 차
之謂不言之聽不言之謀不聞之事殷雖惡周不能疵矣口不言以
지 위 부 언 지 청 부언 지 모 부 문지 사 은 수 악 주 부 능자 의 구 부 언 이
精相告紂雖多心弗能知矣
정 상 고 주 수 다 심불 능 지 의

⑷中心(중심) 中央(중앙). **한가운데,**

복판, 重要(중요)하고 基本(기본)이 되는 部分(부분), 줏대. 四方(사방)의 中心(중심)이 되는 곳, 가운데 中心(중심)이 되는 重要(중요)한 곳. 서울. 首都(수도).

●太玄經中; 神戰於玄(晉范望注; 在中爲心)其陳陰陽測曰神
○ 태 현 경 중; 신 전 어 현 (진 범 멍 주; 재 중 위 심) 기 진 음 양 측 왈 신
戰于玄善惡并也次三龍出于中首尾信可以爲中庸
전 우 현 선 악 병야 차 삼 룡 출 우 중수 미 신 가 이위 중 용

●南史孝義傳上江泌; 泌少貧晝日斫屧夜讀書隨月光握卷升
○ 남 사 효 의 전 상강 필; 필 소 빈 주 일 작 섭 야독 서 수 월광 악 권 승
屋…母亡后以生闕供養遇鮭不忍食食菜不食心以其有生意唯
옥 … 모 망 후 이 생 궐 공양 우해 부 인 식 식채 불 식 심이 기 유 생 의 유
食老葉而已
식 노 엽 이 이

===

호 소 문

第一題: 우리는 기만전술(欺瞞戰術)에 속았다.

1992 년 1 월 14 일 남북이 교환 발효시킨 [한반도 비핵화 공동선언문]은 북의 기만전술(欺瞞戰術)에 속아 우리만 무장해제당

하는 어처구니 없는 실수를 범하고 말았다.

당시 국운을 담당한 그룹의 대부분은 부지피이지기(不知彼而知己)는 지나 부지피부지기(不知彼不知己)에도 미치지 못하지 않았나 한다.

1 단계로 무장해제 당하였으니 2 단계는 미군 철수작전이다. 1 단계작전에 속고도 원자탄 제조비용까지 그럴싸한 명분 내세우고 건네준 어리석음을 잊고 두 번 속아지는 우를 범한다면 그들의 궁극 목표인 미군 전력을 이 땅에서 물러나게 만드는 우를 범하게 됩니다.

그 단계에 이르면 그들의 기만전술(欺瞞戰術)과 표연전술(表演戰術)에 속았다기보다 그들에게 이용당하였다. 라는 힐난(詰難)을 피할 길이 없습니다. 1 단계 기만전술에 속았음을 깨닫는다면 2 단계 기만전술에는 정상인으로서는 속을 수가 없습니다. 다음은 3 단계인 적화통일단계이니 말입니다.

따라서 1 단계의 어리석었음을 재연치 않기

위하여서는 그들의 핵(核)과 운반수단을 폐기시키기 위하여 유엔과 공조이상의 자체 정책과 아울러 우리도 동맹국의 협조력을 구하여 핵탄과 운반수단의 재배치를 강력하게 요구 속히 응하도록 협조를 이끌어내어 완전무결하게 우위적 무장을 갖추고, 혹 여의치 않으면 제사에 우선하여 자체 개발 신속 배치 감히 도발하지 못하도록 억제력을 갖춰야 합니다.

정치(政治)가 감당할 목표의 제 1 조는 국방(國防), 완전 국방으로 국태민안(國泰民安)에 우선할 정치는 어디에도 없습니다.

●孫子兵法謀攻第三; 孫子曰凡用兵之法全國爲上破
○ 손 자 병 법 **모 공 제 삼**; 손 자 왈 범 용 병 지 법 전 국 위 상 파
國次之全軍爲上破軍次之全旅爲上破旅次之全伍爲上
국 차 지 전 군 위 상 파 군 차 지 전 여 위 상 파 여 차 지 전 오 위 상
破伍次之是故百戰百勝非善之善者也不戰而屈人之兵
파 오 차 지 시 고 백 전 백 승 비 선 지 선 자 야 불 전 이 굴 인 지 병
善之善者也故上兵伐謀其次伐交其次伐兵其下攻城攻
선 지 선 자 야 고 상 병 벌 모 기 차 벌 교 기 차 벌 병 기 하 공 성 공
城之法不得已〇又曰知彼知己百戰不殆不知彼而知己
성 지 법 부 득 이 ○ 우 왈 지 피 지 기 백 전 불 태 불 지 피 이 지 기
一勝一負不知彼不知己每戰必敗
일 승 일 부 불 지 피 불 지 기 매 전 필 패

●按戰術有五; 一曰心理戰術二曰資訊戰術三曰讓步
○ 안 전 술 유 오 ; 일 왈 심 리 전 술 이 왈 자 신 전 술 삼 왈 양 보
戰術四曰欺瞞戰術五曰表演戰術
전 술 사 왈 기 만 전 술 오 왈 표 연 전 술

◆한반도비핵화공동선언

1991 년 12 월 31 일 남북한이 함께 한반도의 비핵화를 약속한 공동선언.

남북한이 1991 년 12 월 31 일 판문점에서 핵 관련 제 3 차 대표접촉을 갖고 한반도의 非核化(비핵화)에 관한 共同宣言(공동선언)을 채택했다.

양측은 6 차례의 정회 끝에 공동선언문 채택에 합의했다. 이날 채택된 공동선언은 각기 필요한 내부절차를 거쳐 1992 년 2 월 19 일 제 6 차 고위급회담에서 문본을 교환, 회담합의서와 함께 발효됐다.

남과 북은 한반도를 비핵화함으로써 핵전쟁 위험을 제거하고 우리나라의 평화와 평화통일에 유리한 조건과 환경을 조성하며 아시아와 세계의 평화와 안전에 이바지하기위하여 다음과 같이 선언한다.

◆한반도 비핵화에 관한 공동 선언문

1. 남과 북은 핵무기의 시험. 제조, 생산, 접수, 보유, 저장, 배치, 사용을 하지 아니한다.
2. 남과 북은 핵에너지를 오직 평화적 목적에만 이용한다.
3. 남과 북은 핵 재처리 시설과 우라늄농축 시설을 보유하지 아니한다.
4. 남과 북은 한반도의 비핵화를 검증하기 위하여 상대측이 선정하고 쌍방이 합의하는 대상들에대하여 남북 핵통제공동위원회가 규정하는 절차와 방법으로 사찰을 실시한다.
5. 남과 북은 이 공동선언의 이행을 위하여 공동선언이 발효된 후 1 개월 동안 남북 핵통제공동위원회를 구성 운영한다.
6. 이 공동선언은 남과 북이 각기 발효에 필요한 절차를 거쳐 그 문본을 교환한 날부터 효력을 발생한다.

1992 년 1 월 14 일 판문점 중립국감독위원

회에서 임동원 남측 대표와 최우진 북측 대표가 한반도 비핵화 공동선언 문보를 교환 발효되었다.

=====================================

第二題: 우리나라 국군 作戰指揮權(작전지휘권)

○정의

1950 년 7 월 14 일자로 작전지휘의 효율성을 위해 한국군의 작전지휘권(작전통제권)이 유엔군사령관에게 이양되었으며 1994 년 12 월 1 일 평시작전통제권이 한국군으로 전환됨.

○개설

6.25 전쟁 초기에 창설된 지 얼마 되지 않은 상황에서 북한군의 기습공격을 받은 국군이 독자적인 지휘체계를 유지하면서 전쟁을 수행하기가 불가능했으므로 당시 이승만 대통령은 1950 년 7 월 14 일자로 국군의 작전 지휘권을 이양하였고 1953 년 10 월 1 일 체결된 한 · 미 상호방위조약과 1954

년 11 월 17 일 합의한 '합의의사록' 에서 도 유엔군사령관이 한국군에 대한 작전통제권을 계속 행사하도록 하였다. 그러던중 1980 년대 말 한 · 미간에 주한미군의 역할 조정논의가 시작되어 1992 년 한 · 미 안보 협의회의(SCM) 및 군사위원회회의(MCM) 에서 "한국군에 대한 평시작전통제권은 늦어도 1994 년 말 이전까지 한국군에 전환한다" 라는 합의가 이루어졌다.

○내용

1950 년 7 월 유엔군사령부의 발족으로 유엔군사령부로서 극동군사령부가 모든 유엔군을 통합지휘하게 되었고, 제 8 군사령부 또한 7 월 13 일부터 대구에서 지상군작전을 직접 담당하는 군사령부의 기능을 수행하게 되자, 정부는 국군의 작전지휘권 이양문제를 검토하게 되었다. 육군본부가 13 일 대구로 이전하여 다음날 미 제 8 군사령부 부근에 개소하여 합동회의를 가짐으로써 사실상 이때부터 국군도 극동군의 각 구성군과 통합작전체제에 들어갔다.

○변천과 현황

이승만 대통령은 1950 년 7 월 13 일 주한 미국대사 무초를 통하여 맥아더 원수에게 정식으로 국군의 작전 지휘권을 현 작전상태가 계속되는 동안 이양한다는 서한을 전달하였다. 그리하여 7 월 14 일부로 국군의 작전 지휘권을 맥아더 사령관에게 이양하였으며, 17 일 미제 8 군사령관에게 한국 지상군의 작전 지휘권을 재 이양하였다.

해 · 공군도 각각 극동해 · 공군구성군사령관에게 이양함으로써, 지상군은 미 제 8 군사령관, 해공군은 미 극동 해 · 공군사령관의 작전통제를 정식으로 받게 되었다. 이로써 한국에서 공산군과 싸우는 모든 부대의 지휘통일이 이루어졌다. 이승만 대통령의 서한과 맥아더의 회한내용은 25 일 유엔 사무총장에게 전달되어 안보리에 제출됨으로써 사후 공식화되었다.

한편 작전 지휘권은 1953 년 10 월 1 일 체결된 한 · 미 상호방위조약과 이에 의거하여 1954 년 11 월 17 일 합의한 '합의의사록'

에서도 유엔군사령관이 한국군에 대한 작전통제권을 계속 행사하도록 했다. 그러던 중 1980 년대 말 한 · 미간에 주한미군의 역할 조정논의가 시작되어 1992 년 한 · 미 안보협의회의(SCM) 및 군사위원회회의(MCM)에서 "한국군에 대한 평시작전통제권은 늦어도 1994 년 말 이전까지 한국군에 전환한다" 라는 합의가 이루어졌으며, 1993 년 6 월 평시작전통제권 환수기본계획을 수립하고, 미국측과 협의를 통하여 1993 년 한 · 미 안보협의회의와 군사위원회회의에서 환수일자를 1994 년 12 월 1 일로 잠정 확정했다.

국방부는 평시작전통제권 환수를 한 · 미간의 역할조정을 위한 중간단계로 보고, 북한의 대남도발에 대비하여 한 · 미 연합방위체제의 기조를 유지하면서 유사시 한국 방위임무를 효율적으로 수행할 수 있는 여건을 충분히 보장한다는 방침 아래 1994 년 1 월에 한 · 미 공동추진위원회를 공식 발족시켰으며, 1994 년 9 월 23 일 양측 추진위원장간에 기본합의서를 체결했고, 이를 근거로

권한위임사항을 수정하고, 전략지시 제 2 호를 새로 작성하여 1994 년도 안보협의회의 및 군사위원회회의에서 합의 서명했다.

○의의와 평가

6.25 전쟁 초기 이승만 대통령은 작전의 효율성과 작전 지휘통일을 위해 한국군의 작전지휘권을 유엔군사령관에게 이양하였으나, 1980 년대 말부터 한미간에 조정논의가 이루어지기 시작하였다.

한 · 미 양국은 1994 년 10 월 미국 워싱턴에서 이병태 국방부장관과 윌리엄 페리 미 국방장관 공동주재로 개최된 제 26 차 한 · 미 안보협의회의에서 평시작전통제권 환수에 따른 모든 현안문제에 대해 완전히 합의하였고, 그에 따라 1994 년 12 월 1 일 평시 작전통제권을 한국 합동참모의장이 가지게 되었다. 이로써 44 년 만에 평시 작전통제권이 유엔군사령관으로부터 환수됨으로써 평시 작전활동을 한국군이 독자적으로 수행할 수 있게 되었다. 현재 한국군의 작전통제권은 평시작전통제권과 전시작전통제권으로 이분화되어 있다.
(출처; 한국민족문화대백과)

====================================

우리 한반도는 지정학적으로나 국제정치학적으로나 가장 불리한 위치에 자리하고 있다. 직접 국경으로 접한 북서쪽으로는 가까워지려 하나 가까워 질 수 없는 거대한 중화인민공화국과, 러시아가 자리잡고 있다. 용을 빼는 재주가 있다 한들 독자 생존은 불가능한 위치에서 이념 대결을 하고 있다.

특히 북한은 1950 년 6 월 25 일 패려 잡당들이나 행할법한 짓인 곤히 잠든 새벽을 틈타 선전포고 없이 38 선 전역에 걸쳐 불법 남침함으로써 한국전을 일으켜 단숨에 낙동강까지 파죽지세로 밀고 내려 왔다. 그 후 미국이 주도 유엔군의 적극적 개입으로 다시 수복과정에서 민족의 한인 현재의 휴전선이 탄생 지속되어지고 있다.

그 과정에서 전쟁의 효율성을 높이기 위하여 한국군의 작전지휘권이 유엔군사령관에게 이양되었다. 그 후 1994 년 12 월 1 일 전시작전권과 평시작전통제권으로 분리 평시작전통제권을 44 년 만에 우리 합동참모의장이 가지게 되었다.

손자병법모공제삼(孫子兵法謀攻第三)을 단 한번도 접해본 기억이 없다 하더라도 미국이 이 지구상에서 사라지지 않는 한 이 나라의 존속은 보장되어 있다. 이와 같은 호재를 잊고(?) 전시작전권마저도 회수 시도가 운위되고 있는 뉘앙스가 느껴지니 의아스럽기 그지없다.

혹여라도 미국이 전시작전권을 넘겨주려 한다 하여도 우리가 처한 상황하에서 전 국민이 애걸복걸 거절하여야 이 나라를 지키는 길이 아닌가 한다. 혹 부지피부지기(不知彼不知己) 매전필패(每戰必敗) 자에 해당되는 그룹 군(群)은 주권도 지키지 못하는 천민상적(賤民象的) 비굴(卑屈)이 아닌가 책(責)하겠으나 우리에게 하늘이 내린 복 바가지를 두들겨 부수는 우를 범함이 없기를 이 나라 백성의 한 사람으로서의 간절한 바람이다.

전시작전권 환수는 미군의 철수와 이어져 그 다음날로 적화통일이 되는 근본이 되고 말

것이다. 그들의 지상 과제는 이 땅에서 미군의 철수로서 그들이 이제까지 국력을 쏟아 지향하는 궁극의 목표다.

그들이 주장하는 핵개발이 미국과의 전쟁을 대비함이란 표면적 명분에 불과하고 궁극 목표는 남한 적화 통일이 아니겠는가. 적화통일을 중국과 러시아도 반대할 이유가 전연 없을 터, 이들 삼자가 공히 기만전술의 공유 상태다. 라 이해함이 옳다.

이 터전은 우리 후손들이 영원히 영화를 누리며 살수 있도록 준비하여 넘겨줘야 할 책임이 이 시대를 살고 있는 우리 모두의 책임이기에 그렇다. 이 시점에서 내가 국가와 민족을 위하여 무엇을 어떻게 하여야 하나는 명백하게 제시되어 있다.

속은자는 무엇을 왜 속았는지를 깨닫게 되었을 때만이 비로소 속인자를 앞설 수 있는 위치를 점하여 그를 리드할 자격을 갖추게 된다.

사회주의 그룹 전술인 팔자전법이라는 담담

타타(談談打打) 타타담담(打打談談) 전술 있다. 이 전술이야말로 공산당의 전형적 기만전술(欺瞞戰術)이다. 담담타타 타타담담전법이란 상대가 강하여 상황이 불리할 때는 평화주의자인양 감언이설로 상대를 안심시키고, 상대가 약체로 보이거나 상황이 자기에게 유리하게 바뀌게 되면 즉시 그 입장을 바꿔 상대의 급소를 쳐 승리하는 전략이다. 이전략의 소유자임은 바닥에 깔고 그들을 대한다면 어처구니 없는 협상의 결과를 초래하는 우는 범하지 않을 것 아닌가.

이상 二題(이제)는 本人(본인)이 각계각층에 받치는 호소문입니다. 본 호소문은 단지 국가의 안위를 걱정함에서 드리는 말씀으로 어느 개인이나 단체를 폄훼하려 함이 아님을 밝혀 둡니다. 특히 위 呼訴文(호소문) 내용중 국익에 반하는 論調(논조)가 포함되어 있다거나 사실에 반함이 있다면 요약하여 FAX. 02-416-3537 로 (개방; 매일오전 6 시~오후 8 시)발송하여 주시시기 바랍니다.

본 호소문은 대화체가 아닌 서술형으로 기록

된 문장입니다. 양해하여주시기 바랍니다.

◈북한 지원에 대한 소견.

日本(일본)의 韓日合邦(한일합방) 만행보다, 위에서 밝힌바와 같이 북한의 6.25 同族相殘(동족상잔)의 罪(죄)가 비교되지 않을 정도로 더 크다는 사실입니다.

自身(자신)들의 私財(사재)가 아닌 百姓(백성)의 피땀으로 이뤄진 稅金(세금)으로 그들을 돕겠다는 발상 이전에 일본에게 줄기찬 謝過(사과) 요구 이상으로 북한에게 진정한 사과를 요구 만족한 연후라야 백성들이 동의하게 될것입니다.

◇援助(원조); 도와 줌. help, aid, assist, give[lend] sb a hand

[救護(구호). 援護(원호). 支援(지원). 救援(구원). 助援(조원)]

●後漢書耿弇傳; 永北還而代令張曄據城反畔乃招迎匈奴烏
○ 후 한 서 경 감 전; 영 북 환 이 대 령 장 엽 거 성반 반 내 초 영 흉노 오

桓以爲援助
환 이 위 원조)
●舊唐書昭宗紀; 王鎔感匡威援助之惠乃築第於恒州迎匡威
○ 구 당 서 소 종 기; 왕 용 감 광 위 원 조 지혜 내 축 제 어 항 주 영광 위
處之
처지

◈終言(종언)

끝까지 살펴 주시어 대단히 감사합니다. 본인이 本書(본서)에서 傳(전)하고자 하

는 메시지는 각계 指導者(지도자) 班列(반열)에 오르고자 한다면 意識(의식) 修養(수양)을 갖춘 뒤라야 國家(국가)나 社會(사회)를 다스림에 같은 陣營論理(진영논리)에서 벗어나게 되고 私心(사심)과 私慾(사욕)이 全無(전무)한 常態(상태)가 된 연후에 指導者(지도자) 役割(역할)을 遂行(수행)하여야 疾視(질시)와 叱責(질책)의 怨聲(원성)을 免(면)하게 된다는 부탁의 말씀입니다.

指導者(지도자) 그룹들이 修養(수양)이

不足(부족)하게 되면 黑(흑)을 白(백)으로 둔갑시키기를 서슴치 않게 되고 내편이라면 惡(악)을 善(선)으로 包藏(포장)하기에 아무 거리낌 없이 汲汲(급급)하게 되며 自身(자신)들을 위하여는 못하는 짓이 없게 됩니다.

우리나라는 많은 迂餘曲折(우여곡절) 끝에 이자리에 와 있게 되었습니다. 古代(고대) 君主國家(군주국가) 體制(체제)로부터 朝貢(조공)을 바치고 아직까지도 씻어지지 않고 있는 韓日合邦(한일합방)의 쓰라린 歲月(세월)을 지나 한숨 돌릴 사이 없이 6.25南侵(남침)을 당하여 焦土化(초토화)되었던 이 나라에 하나님이 도우하사 갑자기 聖君(성군)이 나타나 國運(국운) 上昇期(상승기)를 提供(제공) 풀떼죽 身世(신세)를 흰살밥에 울깐을 기와지붕화 시켜주시고 오늘날 經濟大國(경제대국)으로 浮上(부상) 시

키게 同期(동기)를 提供(제공) 그 惠澤(혜택)을 너나 모두가 共有(공유)하고 있지 않습니까.

작은 罪(죄)는 속으로 미워할지언정 하늘 같은 크나큰 功(공)은 잊지 말아야 背恩忘德(배은망덕)의 愚(우)를 犯(범)치 않게 될 것입니다.

現今(현금)의 韓半島(한반도) 地圖上(지도상)에서 같은 民族(민족)이 社會主義(사회주의)와 資本主義(자본주의) 두 陣營(진영)으로 갈라져 서로 총뿌리를 겨누고 虎視眈眈(호시탐탐) 赤化統一(적화통일)을 노리고 百姓(백성)은 餓死之境(아사지경)에도 核彈(핵탄)까지 開發(개발) 劫迫(겁박)까지 서슴치 않고 있는 그들과 對置(대치) 오늘을 지나고 있는 不幸(불행)한 時代(시대)를 살아 가고 있지요.

敵(적)에게 칼을 갈수있는 숫돌을 提供(제공)할수는 없지 않습니까. 그들이 赤化(적화) 野慾(야욕)을 버리고 6.25侵略(침략)에 대하여 진심어린 사과를 하고 同族(동족)의 자리로 돌아온다면 그 間(간) 經驗(경험)을 살려 그들의 經濟(경제)를 우리 水準(수준)으로 올려 놓기에는 그리 많은 時間(시간)이 所要(소요)되지 않을 것입니다.

칼을 치켜들고 내 목을 치려 달려 드는 者(자)에게는 의도와 동기는 알수 없으나 떡을 주며 달래기 보다는 그 자리를 스스로 避(피)하여 生命(생명)을 保存(보존)할수 있는 方法(방법)을 찾음이 賢明(현명)하지 않겠습니까.

우리는 살아남으려면 현재의 狀況下(상황하)에선 自尊心(자존심)이 밥을 먹여 주거나 죽는 生命(생명) 살리지 못하는 法(법). 核武器(핵무기)를 保有(보유)하

기 以前(이전)은 미국의 保護(보호)를 받지않으면 안될 狀況下(상황하)에 처해 있음은 正常人(정상인)이라면 否認(부인)치 못할 것입니다.

그렇다면 우리의 選擇(선택)의 餘地(여지)는 좁을 수 밖에 없습니다. 情勢(정세)에 밀려 이제까지도 自尊心(자존심) 굽히고 살아왔는데 相對(상대)와 非對稱(비대칭) 戰力(전력)을 所有(소유)하고 있는 형편이라면 戰時作戰權(전시작전권) 回收(회수) 云云(운운)은 나라를 공짜로 相對(상대)에게 넘겨주자는 主張(주장)과 別般(별반) 다를바 없습니다.

國際(국제) 雰圍氣上(분위기상) 自體(자체) 核開發(핵개발)이 不可能(불가능)하다면 미국의 核雨傘下(핵우산하)에서 몸을 움츠리고 있을 수밖에 없지 않습니까.

우리 모두는 戰時作戰指揮權(전시작전지휘권) 還收(환수) 云云(운운)하기 이전에 相對(상대)와 對等(대등) 이상의 戰力(전력)을 어찌 갖출 것인가가 먼저 確認(확인)시킨 이후에 論(논)함이 情況論理上(정황논리상) 合當(합당)하지 않겠습니까.

或者(혹자)들의 戰時作戰指揮權(전시작전지휘권) 還收(환수) 主張(주장)은 國際政治(국제정치)나 知彼知己(지피지기)는 고사하고 戰術(전술)의 ABC도 알지 못하고 함부로 發說(발설)하는 水準(수준)에 不過(불과)합니다.

每事(매사)에는 優先順位(우선순위)가 있는 법. 戰時作戰指揮權(전시작전지휘권) 還收(환수)를 주장하기 이전에 戰力(전력)의 優位(우위) 先占(선점)이 아니겠습니까! 그렇다면 戰力(전력) 增强(증강)의 最頂點(최정점)인 原爆(원폭)을 어찌하면 保有(보유)하게 될것인가를 話題(화제)로 던짐이 國家(국가)를 지키고 自身(자신)을 지키는 捷徑(첩경)이 되겠지요.

話題(화제)로 던져 成事(성사) 可能性(가능성)이 稀薄(희박)하다면 保護者(보호자)를 떠나보냄이 아니라 곁에 있어 그로하여금 代替(대체)의 要件(요건)을 갖춤이 賢明(현명)한 判斷(판단)이 되겠지요.

아무리 自尊心(자존심)이 傷(상)한다 하더라도 國益(국익)이 어떤 것인가를 가름하여 最善(최선)을 擇(택)함이 正常(정상)이 되겠지요.

問題(문제)는 核開發(핵개발)이냐 아니면 나라를 相對(상대)에게 고스란히 넘겨줄 것인가입니다. 이렇다면 選擇(선택)은 分明(분명)하지 않겠습니까. 國防(국

방)은 아무런 代價(대가) 없이 거저 이뤄지지 않습니다. 이 나라를 지키기 위하여는 情況上(정황상) 自尊心(자존심)을 숙이고 미국과 協力(협력) 그 도움을 받아 나라도 지키고 G11 國家(국가)로 浮上(부상) 世界政治(세계정치)에 影響(영향)을 끼치는 國家(국가)로 跳躍(도약)하게 되면 그와 같은 問題(문제)는 자연스럽게 解決(해결)되게 되리라 確信(확신)합니다. 참을 忍字(인자) 석자면 殺人(살인)도 면한다는 故事成語(고사성어)가 있지 않습니까. 삶을 사노라면 他(타)에 의해 속상할 때가 한두번 經驗(경험)한바가 아닐진대 우리를 위해선 참을 수밖에는 없는 現實(현실)입니다. 忍(인). 忍(인). 忍(인).

◇忍(인) **忍耐(인내). 容忍(용인).** 참고 견딤. 감인(堪忍). 내인(耐忍). 너그러운 마음으로 참음. 참고 容恕(용서)하다. 참고 견

디다. 許容(허용)하다. 容忍(용인)하다.

●論語八佾; 孔子謂季氏八佾舞於庭是可忍也孰不可忍也
○ 논 어팔 일; 공 자 위 계 씨 팔 일 무 어정 시 가 인 야 숙불 가 인 야
●齊民要術大麥; 漿並蠶矢夜半漬向晨速投之令與白露俱下
○ 제 민 요 술대 맥; 장 병 잠 시 야 반 지 향 신 속투 지 령 여 백 로구 하
酢漿令麥耐旱蠶矢令麥忍寒麥生黃色
초 장 령 맥 내 한 잠시 령 맥 인 한맥 생 황 색
●書經湯誥; 爾萬方百姓罹其凶害弗忍荼毒並告無辜于上下
○서 경 탕 고; 이 만 방 백 성저 기 흉 해 불 인 도독 병 고 무 고 우상 하
神祇天道福善禍淫降災于夏以彰厥罪肆台小子將天命明威不
신 기 천 도 복 선 화 음강 재 우 하 이창 궐 죄 사태 소 자 장천 명 명 위 부
敢赦
감 사

話題(화제)를 돌려 指導者(지도자) 그룹들은 本書(본서)에 羅列(나열)한 指摘(지적)과 說明(설명)이 共感(공감)이 간다면 實踐(실천)하기를 서슴치 말것을 哀願(애원)하고 共感(공감)하지 못한다면 社會(사회)나 國家(국가)에 누 끼치지 말고 그 자리에서 물러나 自身(자신)을 다스리기에 서슴치 않기를 바랍니다.

혹 본서가 유학적 논리라 터부시 않기를 바랍니다. 지도자라면 종교적 편파를

벗어나야 지도자 지위에 오를수 있게 됩니다. 진정한 지도자 자격자라면 자신의 종교적 신념을 초월 모든 종교를 포용 일체화 시켜 차별이나 이질적 사고에서 벗어나야 지도자로서의 자질을 갖췄다 인정될 것입니다. 본인의 서가에는 신구약 성서와 찬송가가 꽂혀 있고 불서인 佛說天地八陽神呪經(불설천지팔양신주경) 佛經要集(불경요집) 金剛般若婆羅密經(금강반야파라밀경) 玉樞經(옥추경) 茶毘文(다비문) 原本茶毘文(원본다비문) 釋門家禮抄(석문가례초) 法苑珠林(법원주림) 佛敎專門儀式(불교전문의식) 釋門儀式(석문의식) 釋門儀範(석문의범) 불공제식 등이 꽂혀 있어 隨時(수시)로 經驗(경험)하고 내 學問(학문)과 交流(교류)하고 있습니다. 修養(수양)하는 者(자)는 제 學問(학문) 第一主義(제일주의)로 치우치게 되면 偏狹(편협)에 埋沒(매몰)되어 더불어 사는 普遍的

(보편적) 思考(사고)에 逆行(역행) 自己(자기) 第一主義(제일주의)에 갇혀 他(타) 學問(학문) 蔑視(멸시)에 빠지기 쉽게 됩니다.

指導者(지도자) 地位(지위)를 願(원)한다면 모든 學問(학문)이 受容(수용)된 然後(연후)라야 地位(지위)에 걸맞는 言行(언행)이 隨伴(수반)되고 不義(불의)와는 妥協(타협)되지 않게 되어 모든 이들에게서 推仰(추앙)을 받게 될 것입니다.

끝으로 彼我(피아)를 不問(불문) 뻔뻔스러운 光景(광경)을 보지 않게 되기를 所望(소망)하면서 本書(본서) 內容(내용) 중 論理上(논리상) 誤謬(오류)가 있다면 FAX 02-416-3537(개방; 매일 오전 6시~오후8시)로 自身(자신)의 생각이 아니라 學問的(학문적) 典據(전거)로 立證(입증) 反論(반론)을 주시게 되면 本人

(본인)의 思考(사고)를 遲滯(지체)없이 修整(수정)하겠습니다.

自身(자신)이 나라를 위하여 무엇을 어찌 이바지 할것인가를 우리 모두들은 깊이 고민할 때입니다.

감사합니다.

~終~

2020년 6월 25일

草庵 田桂賢 書

기존 예비 지도자들의 필독서

지도자의 자세 指導者之姿勢

이 나라 지도자들이 반드시 갖추고 임해야 할 덕목과 자세

初版 印刷 : 2020년 12월 10일
初版 發行 : 2020년 12월 15일

編　作 : 田 桂 賢
發 行 者 : 金 東 求

發 行 處 : 明 文 堂(1923. 10. 1 창립)
서울시 종로구 윤보선길 61(안국동)
우체국 010579-01-000682
Tel (영)733-3039, 734-4798, 733-4748
Fax 734-9209
Homepage : www.myungmundang.net
E-mail : mmdbook1@hanmail.net
등록 1977. 11. 19. 제1~148호

ISBN 979-11-90155-67-0 (03300)

값 9,000원